# DE LA SCIENCE

## ET

# DE LA NATURE

### ESSAI

## DE PHILOSOPHIE PREMIÈRE

PAR

### F. MAGY

AGRÉGÉ DE PHILOSOPHIE

**PARIS**

LIBRAIRIE PHILOSOPHIQUE DE LADRANGE

RUE SAINT-ANDRÉ-DES-ARTS, 41

1865

*A Son Excellence
Monsieur V. Duruy
hommage de profond respect
S. Magy*

DE LA SCIENCE

ET

**DE LA NATURE**

PARIS. — TYP. DE AD. LAINÉ ET J. HAVARD, RUE DES S.-PÈRES, 19.

# PRÉFACE.

En ce moment, la philosophie semble regagner auprès du public un peu de la faveur qu'elle avait perdue. Ce n'est pas qu'elle ait réveillé les esprits par quelque système hardi ou ingénieux, qu'on puisse comparer, pour la force ou l'originalité de la pensée, soit à la doctrine de Descartes dont s'inspirèrent tous les penseurs du grand siècle, soit à l'hypothèse de Condillac qui dégageait et formulait l'idée dominante du siècle dernier, où plus près de nous, à la noble tentative de M. Cousin, pour rallier et concilier dans une théorie supérieure tous les systèmes des siècles passés. Mais à défaut d'un novateur de génie qui excite et captive fortement la curiosité publique, la philosophie a pour elle un auxiliaire anonyme, et pourtant, d'une bien autre puissance. C'est l'état de la société française qui, aujourd'hui plus que jamais, appelle et réclame son assistance.

Voyez en effet où nous en sommes. Depuis la révolution de février, le principe fondamental de notre organisation politique, c'est le droit de suffrage reconnu et garanti à chaque citoyen, sans aucune autre condition que celle de sa majorité légale, et de la jouissance actuelle de ses autres droits civils et politiques. Ce droit de suffrage, qui s'exerce par un vote direct, et sans délégation intermédiaire, semble au premier abord un gage solide et suffisant de sécurité et de paix. Il prévient toute discussion sur la légitimité du pouvoir qui en dérive ; il confère aux élus du peuple cette autorité morale qui est l'âme de la puissance publique; il rend inutile et criminelle toute tentative pour changer par la violence les institutions établies. Mais, par cela même qu'il assure au peuple une si grande part dans le gouvernement de l'État, il en réfléchit naturellement les qualités et les défauts. Si le peuple est uni, éclairé, initié aux vraies conditions de l'ordre social, tels sont eux-mêmes, ou s'efforcent de paraître, ceux qu'il honore de sa confiance et de son suffrage. Si au contraire il est divisé, ignorant, incertain de ses intérêts et de ses devoirs, les hommes qu'il choisit, pour discuter ou agir en son nom, apportent dans l'exercice de leur mandat ses préjugés et ses haines, l'incohérence de ses idées et la contrariété de ses passions. Ceux d'entre les pouvoirs publics sur lesquels le suffrage du peuple n'a pas de prise, et que la sagesse du législateur a dû soustraire aux vicissitudes de l'élection, n'en ressentent pas moins le contre-coup. Le vote à peine consommé, ils s'orientent d'eux-mêmes comme le désire l'opinion, à laquelle, dans toute démocratie, il est inutile et souvent si dangereux de résister. Et bientôt, la politique générale, image de l'état des âmes, ne fait que traduire dans ses conseils et dans ses actes, ou les vœux légitimes de tout bon citoyen, ou les exigences irréfléchies de la multitude.

De là, dans toutes les sociétés démocratiques, l'extrême importance de l'éducation. Cette éducation est chose très-complexe. Elle doit être tout ensemble la discipline du corps, aussi bien que de l'âme. Et qui pourrait dire tout ce qu'il faut de science, d'art et de sagesse, pour en régler tous les détails? Mais il est un point, sur lequel aucun esprit judicieux ne saurait hésiter un seul instant. C'est qu'en fait de science, l'éducation ne doit pas se borner à ces connaissances usuelles que requiert le commerce général de la vie, ou qu'exige, de tout agent social, la pratique de sa fonction ou de son état. La science sans doute, même à son plus bas degré, et dans le plus humble des citoyens, est déjà une première garantie d'ordre social. Ainsi, dans une élection politique ou autre, c'est beaucoup qu'un homme soit en état d'écrire lui-même le nom du candidat. Car le secret du vote est la condition nécessaire de sa sincérité et de son indépendance. Mais dans un pays libre, surtout dans un grand pays, dont l'administration soulève à tout instant des questions si diverses et si délicates, et dont les intérêts s'associent ou se mêlent d'ordinaire aux intérêts de tant d'autres peuples, il faut à l'électeur une autre lumière que celle qui lui vient de la grammaire et de l'arithmétique; il faut à ceux qui doivent approuver ou blâmer la direction de la politique intérieure ou étrangère des principes supérieurs aux maximes qui les dirigent dans leur conduite personnelle ou leurs affaires; il faut à ceux qui votent dans la même urne pour le candidat commun qui leur agrée, un autre lien que celui des relations de parenté, de voisinage, d'intérêt, ou de sympathie. Et cette lumière qui doit éclairer toutes les intelligences, ces principes qui les élèvent au-dessus des préoccupations exclusives de l'intérêt privé, ce lien qui les prémunit contre l'esprit de discorde et de sédition, qu'est-ce, je vous prie, sinon une doctrine rationnelle, qui enseigne à l'homme ce qu'il doit penser, de sa nature propre, de son âme, de ce corps qui est aussi une partie de son être, de cet univers où s'écoule notre courte existence, de la cause qui l'a produit ou ordonné, de la société où nous vivons, du genre humain dont cette société fait partie, de la fin qui est assignée à l'individu ou à l'espèce? Qu'est-ce en un mot, sinon un système philosophique, fondé sur l'ensemble de toutes les connaissances acquises, qui s'empare une fois pour toutes de l'âme du citoyen, qui façonne peu à peu son caractère, qui détermine à la longue ses opinions, ses goûts, ses habitudes, et qui dans le train de la vie ordinaire, comme dans les fonctions de la vie publique, finit par inspirer toutes ses décisions et tous ses actes? C'est la grandeur de la démocratie, d'imposer aux peuples libres la nécessité d'élever sans cesse leur pensée et leur regard vers ces hauteurs de la science et de la nature, qui, dans les sociétés naissantes ou en tutelle, n'attirent guère que quelques esprits d'élite. La stabilité sociale, la sécurité individuelle, la paix du foyer domestique, sont à ce prix.

Comme l'exercice du droit d'élection, le droit d'exprimer et de publier librement sa pensée suppose, dans la majorité des citoyens, l'identité des principes et l'accord des volontés. On a dit ou on peut dire, en faveur de la liberté de la presse, qu'elle est la mère et la gardienne de toutes les autres; que, dans un État démocratique, tout le monde est intéressé à la libre discussion : le pouvoir, parce que la presse est pour lui un aiguillon ou un frein; le peuple, parce qu'elle est l'écho de ses besoins et l'avocat de ses droits; la constitution de l'État, parce qu'elle en développe les principes ou en signale les défauts; la morale, parce qu'il n'est pas de système qui ne s'honore de la défendre; la religion même, parce que la controverse stimule les tièdes, ouvre aux zélés libre carrière, entretient ou ravive dans les esprits le vrai sens des dogmes; qu'enfin, le droit de dire ce qu'il pense sur toute question sociale ou autre est un droit naturel de tout homme, qui suit de son essence comme être raisonnable, et dont le blâme public prévient ou réprime suffisamment les écarts. Pour mon compte, je trouve ces raisons très-solides. Mais il faut convenir qu'elles impliquent, dans l'État où elles sont reconnues et pratiquées, une foi dominante, qui protége à tout instant, et la société elle-même, et les pouvoirs qu'elle a institués, contre la critique et les attaques incessantes des individus ou des partis. Autrement, si les lois fondamentales de l'État sont remises à tout propos en question; si ceux qui sont chargés de les appliquer ou de les défendre sont en butte à une censure inexorable, qui ne leur laisse ni paix ni trêve; si les utopies les plus téméraires proposent chaque jour de substituer aux conditions actuelles de l'ordre social celles qu'ont rêvées les novateurs; et si, d'un autre côté, à ce délire contagieux de dénigrement et de subversion, une presse adverse, interprète à son tour de la conscience et des convictions du plus grand nombre, n'oppose doctrine à système, principes à arguments, et à l'éventualité de la révolte, la certitude d'une résistance sûre du triomphe, alors qu'arrivera-t-il? Nous le savons tous par une cruelle expérience. Une inquiétude générale gagne toutes les âmes ; le travail s'arrête ; les passions s'exaltent ; le sang coule ; la dictature s'établit ; et la liberté de la presse, suspendue ou mutilée, attend que par le progrès de la science et de la raison, par une intelligence plus exacte ou plus générale de la nature et des fonctions de l'individu et de l'État, la société soit devenue plus capable et plus digne de l'entier gouvernement d'elle-même.

Voulez-vous au reste un exemple précis et, pour ainsi dire, technique, de l'intime relation qui unit les principes de l'économie sociale à la philosophie pure ? On n'a pas oublié, on n'oubliera pas de sitôt, quelles attaques certains écrivains, entre lesquels feu M. Proudhon se distingue au premier rang, ont dirigé contre le droit de propriété. M. Proudhon en a sondé tour à tour toutes les origines, le droit naturel, le droit civil, le droit de premier occupant, le travail ; et aucune n'a trouvé

grâce devant son impitoyable critique. Mais avoir réfuté ses adversaires n'est pas avoir prouvé qu'on a soi-même raison. M. Proudhon, qui avait beaucoup d'esprit et de logique, n'était pas homme à commettre cette méprise. Il a donc cherché à la thèse qu'il prétendait établir un autre fondement que l'erreur ou l'inconséquence de ses adversaires, et, entre les preuves positives qu'il leur oppose, voici assurément la plus spécieuse. — « De
« même, dit-il, que la création de tout
« instrument de production est le résultat
« d'une force collective, de même aussi le
« talent et la science dans un homme sont
« le produit de l'intelligence universelle
« et d'une science générale lentement ac-
« cumulée par une multitude de maîtres,
« et moyennant le secours d'une multi-
« tude d'industries inférieures. Quand le
« médecin a payé ses professeurs, ses li-
« vres, ses diplômes et soldé toutes ses
« dépenses, il n'a pas plus payé son talent

« que le capitaliste n'a payé son domaine
« et son château en salariant ses ouvriers.
« L'homme de talent a contribué à pro-
« duire en lui-même un instrument utile :
« il en est donc copossesseur; il n'en est
« pas le propriétaire. Il y a tout à la fois
« en lui un travailleur libre et un capital
« social accumulé : comme travailleur, il
« est préposé à l'usage d'un instrument,
« à la direction d'une machine, qui est sa
« propre capacité; comme capital, il ne
« s'exploite pas pour lui-même, mais pour
« les autres.... Quelle que soit donc la ca-
« pacité d'un homme, dès que cette capa-
« cité est créée, il ne s'appartient plus :
« il avait la faculté de *devenir,* la société
« l'a fait *être.* Le vase dira-t-il au potier :
« Je suis ce que je suis, et je ne te dois
« rien [1]? » Au siècle dernier, Buffon avait
déjà dit : — « L'homme, surtout l'homme
« instruit, est bien plus qu'un individu; il

---

[1] Qu'est-ce que la propriété? p. 121.

« représente en partie l'espèce humaine. » M. Proudhon va plus loin. Suivant lui, l'individu qui s'élève au-dessus de ses semblables par la science et le talent ne représente pas seulement l'espèce humaine : il en est la création. Pour répéter son expression, c'est la société qui l'a fait être. Si cette thèse est exacte, la conséquence qu'il en tire, touchant le droit de propriété, est évidemment de toute rigueur. Car le droit de l'ouvrier sur son œuvre propre, ou sur une œuvre collective, étant proportionnel à son action, si, dans les sphères diverses de l'industrie humaine, ce n'est pas proprement l'individu qui travaille, mais l'espèce qui opère par le capital accumulé en sa personne, il est clair que tout produit, soit matériel, soit intellectuel, forme une propriété commune à tous, et qu'ainsi toute propriété privée est un vol fait à l'Humanité. Quoi qu'il en soit de la justesse ou de la fausseté de cette solution, on entrevoit suffisamment que la question du droit de propriété n'est au fond que la question de savoir quelle est la vraie nature de l'homme et de la société, quelles sont nos facultés originelles ou acquises, quelle est la part personnelle de l'individu dans les produits de son travail, enfin dans quelle mesure il est redevable à l'Humanité des bienfaits qu'il en a reçus. Problèmes essentiellement philosophiques, et qui se rattachent, comme on le verra plus loin, aux principes les plus généraux et les plus abstraits de la philosophie première.

Et c'est ce qui n'avait point échappé aux premiers législateurs de la Révolution française. Au sortir d'un ordre social avec lequel elle rompait brusquement, l'Assemblée constituante sentit très-bien que, pour se fonder et prospérer, la réforme si radicale qu'elle venait d'inaugurer devait avoir pour soutien et pour caution la conscience même de chaque citoyen : et afin de stimuler dans les âmes des sentiments conformes à une vie si nouvelle, elle rédigea cette fameuse déclaration des droits, que toutes les constitutions ultérieures ont reconnue ou supposée, et qu'aucune n'eût osé renier. — « Les représentants du peuple français, « dit le décret de promulgation, constitués « en assemblée nationale, considérant que « l'ignorance, l'oubli, ou le mépris des « droits de l'homme, sont les seules causes « des malheurs publics et de la corruption « des gouvernements, ont résolu d'expo- « ser, dans une déclaration solennelle, les « droits naturels, inaliénables et sacrés « de l'homme, afin que cette déclaration, « constamment présente à tous les mem- « bres du corps social, leur rappelle sans « cesse leurs droits et leurs devoirs... » Ce langage est assurément très-noble, et tout à fait digne des pères de la liberté française. Mais d'abord, se borner à la déclaration des droits, sans y joindre celle des devoirs corrélatifs, n'était-ce pas ne remplir que la moitié de la tâche? Car pour les peuples comme pour les individus, s'il est bon qu'ils sachent pertinemment ce qui leur est dû, il ne l'est pas moins qu'ils connaissent avec la même exactitude ce qu'ils doivent à leur tour [1]. Ensuite, quels sont les principes organiques de la morale privée et sociale, c'està-dire, d'où découlent tous les droits et tous les devoirs de l'homme, soit dans la vie privée, soit dans ses rapports avec ses semblables? Le premier sans contredit, c'est que l'homme se considère comme une force intelligente et libre, née pour une lutte perpétuelle, et chargée de développer ou de mettre en œuvre, sous les auspices de la science, soit les facultés diverses dont elle est douée, soit les éléments extérieurs que lui fournit la nature. Le second, c'est que, dans ce combat de

---

[1] Cela est si vrai que, dans la constitution de l'an III, la Convention fit suivre la déclaration des droits de l'homme et du citoyen, de la déclaration analogue de ses devoirs.

la vie, chacun de nous agisse sans cesse comme sous le regard d'un Dieu, principe et fin de tout être raisonnable, devant lequel il s'estime responsable, et de tout le mal qu'il commet volontairement, et de tout le bien qu'il a manqué par négligence. En d'autres termes, la conscience de notre énergie autonome, et la croyance à un idéal divin, voilà les deux conditions primordiales du droit et du devoir, et, en quelque sorte, les deux ancres de toute société bien ordonnée[1]. Or, ces deux principes régulateurs de la vie morale, qui ne voit tout d'abord que le soin de les mettre en lumière, ou de les défendre contre ceux qui les contestent, est l'office, non d'une assemblée de législateurs, quelle que soit l'étendue de sa fonction, mais bien de la philosophie, dont c'est là précisément la mission naturelle, et qui seule peut emprunter aux autres sciences les

---

[1] Cette formule, comme on voit, revient à la devise de Voltaire : Dieu et la liberté!

secours de toute espèce que requiert cette grande entreprise?

Tel est le rôle social de la philosophie. Puisse-t-elle ne pas faillir à cette noble tâche, et, après tant de dissensions et d'orages, nous ouvrir enfin une ère de concorde et de paix! En attendant, c'est le devoir, même des plus humbles, d'apporter leur pierre à l'édifice qui se prépare depuis deux siècles, et qu'élèvera peut-être la génération qui nous suit. Pour ma part, voilà l'unique motif qui m'a déterminé à publier cet essai, dont je ne sens que trop l'insuffisance. Avant de m'en séparer, j'ai eu besoin de me répéter plus d'une fois cette pensée d'un sage : « — Quand on ne serait pendant sa vie « que l'apôtre d'un seul homme, ce ne « serait pas être en vain sur la terre, ni lui « être un fardeau inutile. »

# ARGUMENT.

Définition de la philosophie première. — Elle doit traiter tour à tour des premiers principes de la connaissance et des premiers principes de l'être.

Problème des premiers principes de la connaissance. — Toutes nos idées scientifiques se ramènent aux notions de force et d'étendue. — Méthode à suivre pour démontrer cette solution, et classification des sciences. — Vérification de la formule précédente, par les mathématiques, par la physique, par la chimie, par la minéralogie, par la botanique, par la zoologie, par la psychologie, par la logique, par l'esthétique, par la morale, par l'économique, par la politique, etc. — Cette formule résout le problème de la détermination des catégories. — Solutions d'Aristote et de Kant. — Quelle en est la valeur.

Problème des premiers principes de l'être. — Il revient à la question de savoir quelle est la valeur objective des notions de force et d'étendue. — Discussion de la valeur objective de la notion de force. — Retour sur le dynamisme psychologique. — Établissement du dynamisme cosmique. — Discussion de la valeur objective de la notion d'étendue, ou théorie de l'étendue corporelle. — Définition de la substance corporelle. — Réfutation de l'atomisme. — Principe de l'homogénéité métaphysique des êtres. — Théorie de l'étendue incorporelle, ou de l'espace. — Examen des opinions d'Épicure, de Leibniz et de Kant touchant la nature de l'espace. — Conséquence des théories précédentes touchant le problème général de la valeur objective de nos connaissances. — Problème de l'existence de Dieu. — Preuves de l'existence d'un Dieu distinct du monde. — Que le système du dynamisme universel est le seul qui puisse admettre un tel Dieu.

# DE LA SCIENCE ET DE LA NATURE.

## ESSAI

# DE PHILOSOPHIE PREMIÈRE.

---

La philosophie première, selon la définition d'Aristote, est la science des premiers principes : des premiers principes de la connaissance, et des premiers principes de l'être. De là, dans l'objet de cette science, deux divisions naturelles : l'une relative aux notions fondamentales de la science, et l'autre qui concerne les éléments essentiels de la nature. Ces deux divisions sont mutuellement distinctes. Car autre est rechercher les conditions primordiales de la pensée, et autre est déterminer les conditions primordiales de toute existence. Mais elles sont essentiellement connexes, car si le propre de la raison est de procéder selon la nature des choses, et le propre de la nature des choses de se comporter selon la raison, il est clair qu'aux premiers principes de l'être doivent correspondre les premiers principes de la connaissance, et que réciproquement, parmi les premiers principes de la connaissance doivent se rencontrer les premiers principes de l'être. Toutefois, cette correspondance, exacte à certains égards, est loin d'être aussi parfaite qu'on serait tenté de le supposer tout d'abord. Et c'est même à la fausse hypothèse qu'elle est rigoureuse et absolue, qu'il faut attribuer en partie, comme on le verra bientôt, la longue enfance, où, depuis vingt-cinq siècles, languit encore la philosophie première, cette science souveraine, que Leibnitz appelait à si juste titre la désirée, qui seule en effet peut expliquer et définir l'état présent de l'Humanité, et seule lui suggérer, dans l'incertitude et le trouble où elle s'agite, la claire intuition de sa nature et de sa destinée.

Quoi qu'il en soit, d'après la définition de la philosophie première, la première des deux questions qu'elle doit traiter, est celle de savoir quelles sont les notions fondamentales de la science humaine. Car à cette condition seulement, elle aura déterminé les premiers principes de la connaissance. Or la solution de ce problème n'est autre que la formule suivante :

Toutes nos idées scientifiques sont autant de déterminations, soit immédiates, soit médiates, des notions d'étendue ou de force. Ou plus généralement, nos idées ne sont susceptibles d'être définies scientifiquement, qu'au moyen des notions d'étendue ou de force.

Par déterminations immédiates des notions d'étendue ou de force, j'entends toutes celles qui représentent à l'esprit certains modes spéciaux de l'étendue ou de la force, et qu'on ne saurait penser actuellement, sans penser par cela même l'étendue et la force. Ainsi, les notions de triangle, de cercle, de force qui agit par intervalles sur un mobile, ou au contraire de force qui agit sans interruption, etc.; et par déterminations médiates, j'entends toutes celles qu'on peut penser, sans porter tout d'abord son attention sur l'étendue ou la force, mais dont on ne saurait assigner l'origine, abstraction faite de ces deux objets de l'intelligence. Ainsi, les notions de mouvement, de pensée, qu'il est impossible d'imaginer ou de concevoir selon leur vraie nature, sans recourir à la considération de l'étendue ou de la force. Enfin, lorsque j'ajoute que plus généralement encore, nos idées ne sont susceptibles d'être définies scientifiquement qu'au moyen des notions d'étendue ou de force, je veux dire par là que les notions même, qui à la rigueur se conçoivent sans ces deux concepts, ne peuvent néanmoins recevoir un sens scientifique sans leur concours. De sorte que les idées d'étendue et de force représentent les seuls objets vraiment essentiels de la science humaine, qui n'en est, pour ainsi dire, qu'une spécification progressive.

Pour établir cette loi fondamentale, qui est la pierre angulaire de tout l'édifice de nos connaissances, il n'est qu'une méthode vraiment rigoureuse. C'est de considérer successivement à ce point de vue les sciences qui composent le système général de la connaissance humaine, et de s'assurer, pour chacune en particulier, si elle vérifie exactement la loi énoncée. A cette fin, je distinguerai six ordres de sciences, à savoir : 1° Les siences mathématiques, telles que l'arithmétique, l'algèbre, la géométrie, etc.; 2° les sciences physico-chimiques, telles que la physique générale et la chimie; 3° les sciences morphologiques, telles que la minéralogie, la botanique et la zoologie; 4° les sciences anthropologiques, telles que la psychologie, la logique, l'esthétique, la morale, l'économique et la politique; 5° les sciences métaphysiques, telles que la philosophie première dont j'offre au public ce faible essai, et la théologie naturelle, ainsi appelée par opposition à la théologie révélée; 6° enfin, les sciences philologiques, à la tête desquelles il faut placer la grammaire générale [1]. Cette classification représente si visiblement les divisions principales de la connaissance humaine, que je ne m'arrêterai point à en discuter la légitimité,

[1] A ces six ordres de sciences, il convient d'en ajouter un septième, à savoir l'ordre des sciences historiques, que j'élimine à dessein, comme inutile au but essentiel de cet écrit.

qu'il serait d'ailleurs bien facile de démontrer. Je reviens donc sans discussion préliminaire à la première de nos deux questions, qui est de faire voir que toutes les sciences que je viens d'énumérer, si diverses par leur objet et par leur méthode, sont toutes néanmoins autant de déterminations, soit immédiates, soit médiates, des notions primordiales d'étendue et de force. Et pour procéder à cette vérification selon l'ordre indiqué par la classification précédente, qui est en effet le seul ordre naturel, je commence par les sciences mathématiques.

La science mathématique, envisagée au point de vue le plus général, peut être définie, la science des quantités divisibles en parties égales ou équivalentes. Car toute quantité qui, par essence, ne jouit point de cette propriété est, par cela même, exclue de la sphère des mathématiques. Ainsi, l'attention, l'imagination, la douleur, sont bien des quantités. Car l'attention est plus ou moins énergique, l'imagination plus ou moins féconde, la douleur plus ou moins vive. Mais le moyen de les partager chacune en éléments identiques, dont la somme soit adéquate à la quantité divisée ! De là impossibilité de les évaluer, et par suite, de les introduire dans la spéculation mathématique, dont le propre est précisément de chercher et d'instituer des relations entre les quantités divisibles en parties égales ou équivalentes.

Or telle est la nature de l'intelligence humaine, qu'elle ne conçoit et ne peut concevoir que quatre espèces de quantités qui satisfassent à cette condition, à savoir : l'étendue, objet de la géométrie; la force, objet de la mécanique; le temps, qui est l'objet, sinon d'une science distincte, au moins d'une théorie spéciale, à savoir la théorie de la mesure du temps; enfin le nombre, objet de l'arithmétique, et de toutes les sciences analogues. De ces quatre quantités, les deux premières étant comprises expressément dans l'énoncé de notre loi, tout se réduit, pour la vérifier, à faire voir que les deux dernières, ou ne sont que des déterminations médiates de l'étendue ou de la force, ou du moins ne sauraient se définir que par elles, et par elles devenir des éléments scientifiques.

Pour y parvenir, à l'égard du temps, il suffit

de considérer avec un peu d'attention l'un des instruments dont on se sert pour le mesurer, par exemple, une horloge à secondes. Dans ce mécanisme, assurément l'un des plus ingénieux de l'industrie humaine, trois choses sont à remarquer au point de vue qui nous occupe : l'aiguille qui marque sur un cadran les divisions du temps ; le pendule qui, par l'intermédiaire de l'échappement, règle les mouvements de l'aiguille; enfin, la pesanteur qui fait osciller le pendule et mouvoir les rouages. Le mécanisme une fois établi et en exercice, tant que le poids moteur n'a pas atteint la limite inférieure de sa course, et que l'échappement n'arrête pas la roue correspondante, l'aiguille se meut sur le cadran, et, dans le cas contraire, demeure immobile. Elle s'arrête donc avec la roue d'échappement, reprend sa marche à l'instant même où une dent échappe, et parcourt ainsi, à chaque oscillation, une des divisions égales de la circonférence, dont l'axe auquel elle est fixée occupe le centre. Et comme les oscillations du pendule sont isochrones, qu'elles se succèdent sans interruption, que l'instant où cesse l'une quelconque d'entre elles coïncide toujours avec l'instant où commence la suivante, il en résulte que, pendant la durée d'un nombre entier d'oscillations, le rapport de l'espace parcouru par l'aiguille à l'une des divisions du cadran, est le même que le rapport de cette durée entière à la durée d'une oscillation. La mesure du temps se trouve ainsi ramenée à la mesure de l'espace parcouru par un mobile qui se meut par l'action plus ou moins directe de la pesanteur. Et comme toute autre méthode pour l'obtenir est plus ou moins analogue à la précédente, on voit que l'évaluation numérique, ou, ce qui revient au même, la détermination scientifique du temps, satisfait sans restriction ni réserve à la loi qu'il s'agit de vérifier.

Il en est de même de la notion de nombre. Un nombre, comme on sait, peut être défini, le rapport d'une grandeur mathématique à son unité. De là autant d'origines possibles de l'idée de nombre, qu'on peut assigner d'espèces de grandeurs mathématiques autres que le nombre. Or quelles sont, outre le nombre, toutes les grandeurs mathématiques, que l'esprit humain est capable de concevoir ou d'imaginer? Nous venons de le dire. Ce sont la durée, l'étendue et la force. L'idée de nombre, telle que la possède actuellement notre intelligence, ne saurait donc dériver que de la comparaison, ou d'un intervalle de temps avec un intervalle de temps, ou d'une étendue avec une étendue, ou d'une force avec une autre force. Mais à l'égard du temps, comme Kant le fait observer avec raison, nous ne pouvons le concevoir, sans nous le représenter sous la forme d'une ligne, qui s'étend indéfiniment dans le sens de l'arrière, c'est-à-dire, du passé, et dans le sens de l'avant, c'est-à-dire, de l'avenir. De plus, d'après ce qui précède, le moyen le plus naturel ou le plus précis de comparer l'un à l'autre deux intervalles de temps, est de ramener cette comparaison à celle de deux espaces parcourus par un mobile qui se meut avec une vitesse constante. L'idée de nombre, alors même que l'on essaye de la déduire de l'idée de temps, suppose donc nécessairement l'intuition de l'étendue. Et par suite on peut dire que la spéculation mathématique, si complexe qu'elle soit, est née tout entière de la considération de l'étendue ou de la force, non-seulement dans la géométrie et la mécanique, où cela est hors de doute, mais jusque dans les parties de la science qui, au premier abord, en paraissent entièrement indépendantes.

On objectera peut-être que le nombre peut se définir indépendamment de toute comparaison géométrique ou dynamique, par exemple, une collection d'unités de même espèce, et par suite, que cette notion n'est pas essentiellement réductible aux notions d'étendue ou de force. Mais de deux choses l'une : ou l'unité qui entre dans cette définition est le terme de comparaison entre des quantités homogènes, et alors cette seconde définition est, au fond, la même que la première ; ou le mot unité est ici synonyme d'objet quelconque, considéré comme indépendant de tout autre, et, dans ce dernier cas, la définition perd tout caractère scientifique. Car autre est le concept de l'unité mathématique, et autre le concept d'un objet *un*, par opposition à *plusieurs*. L'unité, dans ce nouveau sens, est cette propriété commune à tous les êtres d'exister chacun à part, et d'une existence indépendante. L'unité, au sens mathématique, est l'une quelconque des parties égales, dans lesquelles on peut toujours diviser une quantité homogène par sa nature, ou telle du moins, sous un certain point de vue. Définir le nombre, une collection d'unités de même espèce, en prenant le mot unité dans le dernier des deux sens qu'on peut lui attribuer, c'est dire qu'une collection d'objets distincts est une collection d'objets identiques : assertion qui se réfute d'elle-même. La notion d'unité mathématique n'est pas plus adéquate à la notion d'un objet *un* en général, que le concept de nombre n'est identique au concept de multitude. J'ai la perception d'un amas de blé, par cela seul que je le vois. Mais cette perception purement sensible ne fait place à la notion scientifique de nombre, que lorsque j'ai défini l'intuition du sens par le concept rationnel qui la précède et n'en vient pas.

La physique est la science des actions que les corps exercent les uns sur les autres, lorsque ces actions n'altèrent pas leur constitution intime. Cette définition, qui convient assez bien à l'ensemble des phénomènes physiques, n'est pourtant pas rigoureusement exacte. Car il peut arriver, et il arrive fréquemment que les actions physiques exercées par certains corps modifient l'état moléculaire de ceux qui les subissent, au point de dissimuler toutes les propriétés qu'ils possédaient tout d'abord. C'est ainsi qu'un courant électrique décompose l'eau en oxygène et en hydrogène, et que réciproquement une commotion électrique suffit pour déterminer la recomposition de l'eau. Mais de quelque manière qu'on entende et qu'on exprime l'objet de cette science, toujours est-il que toutes les idées qu'elle met en œuvre sont, ou des idées dynamiques, ou des idées réductibles à celle d'étendue. D'une part, en effet, que sont pour nous actuellement les causes de la pesanteur, de la chaleur, de la lumière, de l'électricité, sinon autant de forces, dont la première attire les corps vers le centre de la terre; dont la seconde modifie l'équilibre de leurs molécules; dont la troisième, identique ou non à la cause de la chaleur, se comporte, dans toute hypothèse, comme une puissance mécanique, qui affecte par des actions directes ou réfléchies l'organe de la vision; dont la quatrième attire ou repousse les corps et même les décompose? D'autre part, toutes les lois physiques expriment, ou des relations dans l'espace : ainsi la loi de Descartes, suivant laquelle l'angle d'incidence est égal à l'angle de réflexion; ou des relations entre des forces et des déterminations de l'étendue : ainsi, la loi de Mariotte, suivant laquelle les volumes d'une même masse gazeuse, soumise à des pressions variables, sont inversement proportionnels à ces pressions; enfin, des relations entre certaines déterminations du temps, et les déterminations propres de l'étendue ou de la force : ainsi, la loi de Galilée, suivant laquelle les petites oscillations du pendule sont isochrones; ou cette autre loi de la doctrine newtonienne, que l'intensité de l'attraction solaire sur les planètes varie à chaque instant.

Or toutes les idées correspondantes aux causes physiques, ou aux deux premières séries de lois que nous venons de rappeler, satisfont évidemment à la loi de la connaissance. Quant aux relations de la dernière espèce, entre le temps d'une part, et de l'autre, l'étendue ou la force, on ne peut les considérer comme une exception à notre principe, puisque la notion scientifique de temps n'en est, comme on l'a vu plus haut, qu'une application particulière.

Au contraire de la physique, qui étudie spécialement les actions étrangères aux modifications intimes des substances corporelles, la chimie se propose exclusivement pour objet les actions moléculaires qui affectent la constitution intime des corps. D'après cette définition, on voit aussitôt que les phénomènes chimiques doivent être conçus comme des phénomènes essentiellement dynamiques, et les lois qui les règlent, comme des lois auxquelles la notion de force peut seule donner un sens. Qu'est-ce en effet qu'un phénomène chimique, par exemple, celui de la formation de l'eau, sinon le résultat de l'action réciproque de l'oxygène et de l'hydrogène, en vertu de leur force respective d'affinité? Et au-dessus de toutes les combinaisons particulières qu'elle domine de sa grande généralité, qu'est-ce que la loi des équivalents, suivant laquelle il existe, pour chaque corps simple, une quantité pondérale, telle que les combinaisons des corps simples entre eux ont toujours lieu suivant des multiples de ces quantités pondérales individuelles, sinon une formule, par laquelle on exprime les conditions générales d'une espèce particulière d'équilibre, qui constitue proprement la combinaison chimique, et auquel par conséquent, tous les éléments de la combinaison concourent comme autant de forces qui, sous ce point de vue, se neutralisent mutuellement? La chimie, cette création encore si récente du génie moderne, et qui déjà projette sur les mystères de la nature une si vive lumière, est donc en soi une science toute dynamique. Non qu'elle demeure absolument étrangère à la notion d'étendue. Car, sans parler des secours qu'elle emprunte à la cristallographie, qui relève directement du concept d'étendue, il est telle des lois qui lui sont propres, par exemple la loi de Gay-Lussac, connue sous le nom de loi des volumes, qui exprime précisément une relation entre les volumes de deux gaz élémentaires qui se combinent. Mais, quoi qu'il en soit, qu'on la conçoive comme également dépendante de nos deux notions primordiales, ou comme exclusivement afférente à l'une d'entre elles, il est hors de doute que, pour trouver une contradiction à notre loi fondamentale, il est inutile de s'adresser aux connaissances qu'elle nous fournit.

La première des sciences morphologiques est la minéralogie. Il semble, au premier coup d'œil qu'on jette sur le règne minéral, que chacun des êtres qu'il comprend se distingue par une forme individuelle, absolument indépendante des formes respectives de ses analogues, et qui elle-même paraît fille de l'accident et du hasard. Mais, quand on y regarde de plus près, et à la lumière de certains principes rationnels, on reconnaît bien vite que les minéraux dont aucune force antagoniste ne contrarie la formation naturelle, se produisent sous la forme de polyèdres géométriques, c'est-à-dire, dont la génération est assujettie à des lois constantes; que les formes les plus étrangères en apparence, et entre lesquelles une observation superficielle ne saisit d'abord aucune relation, peuvent au contraire se déduire les unes des autres suivant des règles mathématiques; que toutes ces formes, en nombre infini, se ramènent en définitive à six formes primitives qui constituent autant de types distincts et irréductibles; qu'enfin le règne minéral, dans son ensemble, révèle une profonde économie, qui ne déroge point à l'harmonie générale de la nature. De là cette conséquence nécessaire, que le premier élément de la connaissance d'un minéral, c'est la détermination de sa forme cristalline. Mais cette première donnée une fois acquise en appelle une autre peut-être encore plus essentielle. Outre qu'un même corps peut se produire sous deux formes différentes ou deux corps différents sous la même forme, la détermination cristalline n'apprend rien par elle-même sur la constitution intime du minéral, que la chimie seule recherche et découvre. D'où, par suite, nécessité d'étudier le minéral sous ce point de vue, c'est-à-dire au point de vue de la notion de force. De sorte que la science des minéraux usant tour à tour, et avec un égal succès, des deux éléments de notre loi, n'en est d'un bout à l'autre qu'une perpétuelle confirmation.

Le témoignage de la botanique et de la zoologie n'est ni moins spontané ni moins explicite. Il n'est même pas besoin d'une étude préalable de ces deux sciences, pour pressentir et reconnaître quel rôle doit jouer, dans les connaissances de cet ordre, la notion d'étendue. On ne connaît un végétal ou un animal que si on a examiné les éléments essentiels qui le constituent, et dont chacun peut être défini, une détermination de l'étendue organique. Voilà donc de la part de ces deux sciences, respectivement correspondantes aux règnes végétal et animal, un premier aveu qui, à la rigueur, nous dispenserait de les interroger plus longtemps. Mais il n'est pas sans importance de rechercher et de mettre en lumière la relation moins apparente, quoique tout aussi réelle, qui les rattache l'une et l'autre à la notion de force.

En premier lieu, il est impossible d'étudier la structure d'un végétal ou d'un animal sans se demander aussitôt quelle fonction remplit, dans ces organismes en général si compliqués, chacune des pièces qui les composent. Or, dès que la pensée se pose cette question, qui n'est autre que le problème général de la physiologie, elle conçoit aussitôt l'organisme, non plus comme une simple coordination de molécules visibles et tangibles, dans un lieu déterminé de l'espace, mais comme un système d'éléments dynamiques, c'est-à-dire doués chacun d'une énergie ou force propre, et sans laquelle ils ne sauraient concourir à l'équilibre ou aux mouvements de la machine. Quelles sont les forces ainsi associées dans l'organisme, suivant quelles lois s'exerce leur action, et quelle est la part respective de chacune dans le phénomène général de la vie, c'est ce que l'intelligence ignore tout d'abord et ce qui est le but suprême de la physiologie.

Mais la conception de leur existence est une première hypothèse qu'elle ne saurait éluder. Je ne puis observer les feuilles d'un arbre ou reconnaître les canaux qu'il porte dans son intérieur, sans conjecturer que ces organes sont les instruments de forces dont ils provoquent, ou favorisent, ou recueillent les effets. A l'image quasi géométrique de l'organe s'associe donc l'idée dynamique de la fonction, qui a pour postulat la notion purement intelligible de force. Ce qui sans doute faisait dire à Bichat que la vie est l'ensemble des fonctions qui résistent à la mort. Non que, par une puérilité indigne de son génie, il eût le dessein d'éliminer la notion de force de la définition de la vie. Mais c'est que la vie ne se révélant à nos sens que par les fonctions organiques, et toute fonction organique étant essentiellement dynamique, définir la vie par les fonctions, c'était en réalité la définir par l'idée de force.

En second lieu, la même nécessité qui contraint la pensée à s'élever de la description de l'organe à la recherche de sa fonction lui fait encore une loi de remonter de la forme générale de l'être vivant à la cause qui la conserve. « Les minéraux, dit Cuvier, n'offrent qu'une « composition constante et homogène dans « chaque espèce, et des masses qui restent en « repos, tant qu'elles ne sont point altérées « dans l'ordre de leurs éléments. Dans les « corps vivants, chaque partie a sa composi- « tion propre et distincte; aucune de leurs « molécules ne reste en place; toutes entrent « et sortent successivement; la vie est un « tourbillon continuel, dont la direction, toute « compliquée qu'elle est, demeure constante, « ainsi que l'espèce des molécules qui y sont « entraînées, mais non les molécules indivi- « duelles elles-mêmes. Au contraire, la matière « actuelle des corps vivants n'y sera bientôt « plus [1]. » Or, de ce grand fait du tourbillon vital, établi depuis Cuvier par des expériences irréfragables, ressort naturellement cette question : — Quelle force, au milieu des mutations continuelles des corps organisés, assure

---

[1] Rapport historique, p. 199.

et maintient l'identité de leur forme? La notion de force apparaît donc encore comme la seule qui permette de caractériser la cause du phénomène. Aussi Cuvier ajoute-t-il au même passage après les lignes précitées : « Que la ma-
« tière du corps vivant est dépositaire de la
« force qui contraindra la matière future à
« marcher dans le même sens qu'elle. » Le Newton de la zoologie imite en cela le Newton de l'astronomie, qui, au-delà des formes géométriques des mouvements planétaires, poursuit les forces invisibles dont ils procèdent. Car si l'intelligence, dans son insatiable ardeur de pénétrer la nature des choses, doit souvent changer d'objet, elle ne cesse pas pour cela d'obéir aux mêmes lois essentielles.

En troisième lieu, comme dans la nature il n'existe que des individus, on serait tenté de croire que, dans la science des êtres vivants, le rôle de la notion de force est exclusivement circonscrit dans la sphère de l'individu, et qu'elle demeure absolument étrangère à la détermination des espèces. Eh bien! chose singulière, c'est précisément ce qui n'est pas.

Tant que les êtres issus d'un même germe, que l'on compare les uns aux autres, pour reconnaître leur degré de parenté, ont entre eux des ressemblances qui trahissent l'identité de leur origine, il suffit, pour établir leur affinité, de constater et de recueillir leurs caractères morphologiques. Mais lorsqu'il arrive, comme cela résulte d'observations dont le nombre croît chaque jour, que l'être vivant n'a aucune ressemblance, ou à fort peu près, avec celui dont il est né [1], comment déterminer ou définir l'espèce par des caractères qui, par hypothèse, font absolument défaut ? Aussi tout récemment, certains naturalistes, frappés avec raison de l'insuffisance de l'examen anatomique, pour la détermination de l'espèce, ont-ils proposé de substituer ou d'associer aux caractères tirés des formes visibles, la condition plus générale de la succession dans le temps. C'est-à-dire, pour emprunter la définition de l'un

---

[1] On voit que je fais ici allusion au phénomène de la génération alternante, qui consiste en ce que certains animaux, tels que les biphores, ne ressemblent ni à leur mère ni à leurs fils, mais seulement à leur aïeul ou à leurs petits-fils.

d'eux [1], « que l'espèce est l'ensemble des indi-
« vidus plus ou moins semblables entre eux, qui
« sont descendus ou qui peuvent être regardés
« comme descendus d'une paire primitive uni-
« que, par une succession ininterrompue de fa-
« milles. » Mais qui ne voit que cette définition,
dont la notion de force est absente, la suppose
cependant comme postulat nécessaire? Car
elle peut se traduire en cette autre : L'espèce
est la collection des individus qui doivent
l'existence à une même force initiale ou à des
forces initiales homogènes, quelles que soient
du reste les différences extérieures qui les distinguent. Par où l'on voit que la notion de
force, indispensable à l'intelligence pour expliquer l'identité des formes individuelles, ne
l'est pas moins pour caractériser l'identité
d'espèce. Tant est profond et radical l'accord
des lois de la nature avec les lois de la raison!

Enfin, pour que rien ne manque à l'universalité de sa fonction, dans cet ordre de con-

---

[1] M. de Quatrefages.

naissances, le concept de force intervient jusque dans l'idée du germe organique. *Omne vivum ex ovo*, a dit Harvey, c'est-à-dire tout être vivant vient d'un germe préformé. Cette loi fondamentale de l'embryogénie, vivement contestée par les partisans de la génération spontanée, mais rendue de jour en jour plus vraisemblable par une investigation plus rigoureuse et des expériences plus précises, revient à dire, en définitive, que la cause première qui préside à la génération de tout être vivant, est une force spéciale, essentiellement distincte de toutes les autres forces naturelles, et dont le réceptacle propre est l'œuf végétal ou animal. Et cela est si vrai que, d'après des observations dont on ne peut suspecter l'exactitude, l'œuf animal jouit en effet d'une vitalité propre, c'est-à-dire de la propriété d'agiter spontanément, et avant d'avoir subi l'action fécondatrice, la matière qui le compose. A ce point de vue, il est impossible, dans la définition du germe organique en général, de n'avoir égard qu'à sa structure anatomique, sans tenir compte de cette force spéciale, qui provoque les mouvements dont il est le siége. A l'origine de la vie qui s'éveille, comme pendant les vicissitudes qu'elle traverse, le concept de force soutient seul encore l'effort de l'intelligence, pour pressentir et expliquer le travail mystérieux de la nature animée.

Jusqu'à présent, pour vérifier l'exactitude de notre loi, dans les sciences que nous venons de soumettre à l'examen, il a suffi d'interroger ces sciences elles-mêmes, et de transcrire fidèlement leur réponse. Mais au point où nous sommes parvenu, c'est-à-dire au seuil des sciences anthropologiques, comment espérer la même spontanéité et le même concert de la part de sciences livrées à une anarchie séculaire, dont la possibilité même, comme sciences, est contestée par un grand nombre, et qui, jusqu'à ce jour, en dépit de tant d'efforts, n'ont pu se mettre en possession de leur objet et de leur méthode? Toutefois il est un moyen de nous orienter dans cette région nouvelle, et de sortir sans trop de difficulté du labyrinthe où nous voici maintenant engagé. C'est d'assigner à ces sciences une organisation hypothétique, et de voir si chacune d'elles, ainsi conçue et constituée, confirme ou contredit notre loi, sans qu'elle cesse pour cela de sastisfaire et à ses conditions les plus immédiates, et à celles qui, moins explicites, doivent rallier cependant tous les esprits impartiaux. Peut-être cette méthode, la seule qui nous soit permise, à moins de nous écarter outre mesure des limites précises de ces recherches, suffira-t-elle, malgré ses inconvénients, pour porter dans l'esprit du lecteur la conviction qui nous anime.

La première des sciences anthropologiques est la psychologie, qui a pour objet l'âme humaine, considérée au point de vue le plus général, en tant qu'elle constitue l'essence de l'Humanité, et indépendamment de toutes les modifications accidentelles qu'elle tient des dispositions singulières du corps auquel elle est unie, du climat propre à la contrée qu'elle habite, de la société particulière qui l'entoure, et dont elle subit plus ou moins, en tout temps et en tout lieu, l'influence quotidienne. De là trois problèmes que suggère immédiatement cette définition : le premier, touchant la nature intime de l'âme; le second, relatif à la détermination de ses facultés et des lois de leur développement ; le troisième enfin, concernant les habitudes qu'elle est susceptible d'acquérir, non-seulement en vertu des tendances primitives qu'elle apporte à sa venue en ce monde, mais aussi de l'action qu'elle exerce sur elle-même par l'énergie de sa volonté personnelle, et sous l'empire de certaines règles plus ou moins rationnelles. De sorte que pour vérifier, à l'égard de la psychologie, la loi générale qui domine toutes les sciences mathématiques et cosmologiques, il est nécessaire et suffisant de faire voir que les solutions respectives de ces trois questions n'en sont elles-mêmes que des cas particuliers. Mais, si l'on réfléchit que le simple énoncé de ces solutions, sans le cortége des preuves qui en démontrent l'exactitude, n'aurait guère de valeur scientifique; que, dans l'état présent de la psychologie, il n'est pas permis d'invoquer le témoignage de cette science, à moins de produire des théories qui lui soient propres et attestent du moins sa vitalité ; qu'enfin une doctrine rationnelle de l'âme humaine est la base naturelle de toutes les théories dont je dois tracer l'esquisse, on m'accordera qu'actuellement, et tout considéré, ce que j'ai de mieux à faire, est d'aborder et de discuter le problème fondamental de la psychologie, à savoir, le problème de la nature de l'âme, dont la solution doit non-seulement nous fournir la vérification correspondante de notre loi, mais encore nous conduire au vrai centre de perspective de la philosophie première.

D'après la loi fondamentale qu'il s'agit de vérifier, la notion de l'âme humaine doit être réductible à l'idée de force ou à celle d'étendue. Il est donc à propos de diriger tout d'abord notre attention sur les faits qui peuvent nous révéler dans le sujet pensant une activité propre, si tant est qu'il se comporte réellement comme une cause dynamique ; et c'est ce que nous allons faire sans plus de retard en l'observant tour à tour avant, pendant et après l'acquisition de la science.

Plusieurs causes contrarient notre amour

naturel de la science, et conspirent pour nous retenir dans l'ignorance : — 1° les exigences de la vie sociale, qui nous enchaînent dès notre naissance; les affections plus intimes où l'on s'engage dans la suite, et à l'attrait desquelles il est bien difficile de résister; les relations accessoires qui leur servent de cortége; les obligations communes à tous les membres d'une même société, et que personne n'a le privilége d'éluder; les emplois que l'État confère, ou que chacun embrasse pour sa convenance; tout cet ensemble de rapports nous crée une vie étrangère à la science de ce qui est, et nous absorbe presque tout entiers dans la science de ce qui passe. — 2° Les besoins du corps: car, sans parler du sommeil, qui est pour lui un repos nécessaire, et mesure à peu près la moitié de notre existence, que d'obstacles il nous suscite par ses besoins qu'il faut satisfaire; par le repos et les ménagements qu'il réclame; par les maladies auxquelles il est sujet, et dont la moindre, pour peu qu'elle sévisse avec une certaine intensité, interdit à l'intelligence tout exercice régulier de ses facultés! — 3° Les passions égoïstes, telles que l'amour des richesses, le désir de briller, l'ambition de dominer, qui, à peine éveillées dans une âme, aspirent à y régner sans partage, et ne lui laissent guère d'application que pour leur objet. —4° Le défaut d'aptitude ; car, si la possession de la vérité est la vocation instinctive de tout être doué de raison, combien peu, dans l'espèce humaine, dès leur première tentative pour l'acquérir, ne se sentent rebutés par leur impuissance! — 5° Les difficultés propres de la science; car l'aptitude la plus heureuse pour l'étude d'une science ne supprime pas pour cela les difficultés inhérentes à sa nature. Ce n'est pas le génie, à coup sûr, qui manquait à Newton pour la grande entreprise à laquelle il avait dévoué sa vie ; et pourtant, lorsqu'on lui demanda comment il avait découvert le système du monde : « En y réfléchissant toujours, » répondit-il. En un mot, de toutes les difficultés qui peuvent arrêter l'essor de la pensée, il n'en est peut-être pas une seule dont ne doive s'affranchir tout d'abord, dans la mesure de l'Humanité, tout homme qui, impatient de son ignorance, aspire au moins à la diminuer, et à entrer en commerce avec la science.

Et telle est, en effet, la tendance naturelle du sujet pensant, lorsqu'il se détermine à l'étude de la science. C'est-à-dire que son premier acte est un effort spontané pour neutraliser toutes les causes que nous venons de signaler. — 1° Tout homme qui désire s'initier à une science quelconque, ou acquérir des connaissances nouvelles dans une science avec laquelle il est déjà familier, commence par s'isoler, autant qu'il est en son pouvoir, de toutes les distractions sociales, au moins dans tous les moments où sa pensée est en travail. Et de là sans doute cet irrésistible besoin de la solitude qui entraîna toujours loin du tumulte extérieur tous les esprits méditatifs. — 2° A l'égard du corps, il peut arriver de deux choses l'une : ou que le corps est actuellement dans une disposition favorable au travail intellectuel, c'est-à-dire d'une santé suffisante, exempt de toute fatigue, et satisfait dans ce qui lui agrée ; ou qu'il souffre au contraire, soit d'un simple malaise, soit d'un mal plus prononcé, soit d'une privation qu'on lui impose. Dans le premier cas, malheureusement trop rare, il n'exige de la part du sujet pensant aucun autre effort que la vigilance nécessaire pour diriger les organes en exercice tant que dure l'étude qui nous occupe. Dans le second, à cette surveillance constamment requise, mais qu'en général l'habitude a rendue facile, s'ajoute une lutte plus ou moins pénible, pour résister à une douleur expresse, ou pour dompter des organes en état de rébellion. — 3° Même résistance à ces passions égoïstes, auxquelles bien souvent se laissent aller, comme les autres, les hommes même dévorés d'ardeur pour la science, mais qu'ils tâchent de faire taire pour un moment, sous peine d'apporter dans la recherche de la vérité des préoccupations dont le moindre inconvénient est de troubler le libre exercice de la pensée. — 4° Personne n'ignore que l'effet immédiat du défaut d'aptitude dans un homme qui cherche à comprendre une vérité quelconque, est de susciter en lui une attention plus énergique.

— 5º Enfin, en ce qui concerne la science même, qui ne sait encore qu'à ses difficultés intrinsèques répond du côté du sujet pensant, au moins dans la ferveur du premier essai, la ferme résolution, à laquelle il ne reste pas toujours fidèle, d'en venir à bout par un travail d'autant plus tenace et plus méthodique.
— De sorte que le résultat commun de toutes les causes qui concourent à nous décourager de toute tentative scientifique, est précisément de provoquer en nous une action en sens contraire, dont l'intensité peut varier et varie en effet d'un homme à un autre, mais qu'il n'est pas plus possible de révoquer en doute que de nier, dans la nature humaine, le désir même de la science.

Mais l'action du sujet pensant, dans le travail scientifique, ne se réduit pas, tant s'en faut, à cet effort préliminaire. Bien loin d'expirer au seuil même de la science, son énergie se maintient et s'accroît dans la période d'acquisition, comme on le voit par les faits suivants, que chacun peut vérifier sur lui-même.

1º Toute connaissance scientifique, pour

être bien comprise par l'intelligence, requiert autant d'actes d'attention qu'elle suppose d'intuitions élémentaires, ou de perceptions de rapport entre les divers éléments qui la composent. Ce concours de l'attention, qui est si manifeste dans l'étude de toute théorie compliquée ou délicate, est également nécessaire pour l'acquisition de ces idées primordiales et plus simples par lesquelles toute science, à son début, spécifie les déterminations immédiates de son objet. Quelle notion géométrique est plus accessible aux esprits les plus infirmes que l'idée d'une droite perpendiculaire ou oblique à une autre ? Eh bien ! comment saisir le sens de la définition correspondante, si on ne donne successivement son attention, et aux deux lignes considérées, et à leur mutuelle inclinaison, quel que soit le rapport des angles qu'elles forment par leur concours ? La définition générale de cette relation n'est qu'un vain son pour l'oreille, si l'énergie propre du principe pensant ne s'associe à l'exercice de l'ouïe, qui en transmet l'énoncé, pour comprendre, et la signification respective de chaque mot, et leur corrélation mutuelle, qui seule rend la phrase intelligible.

2° Cette persistance de l'attention, tant que dure l'exercice de la pensée, qui est un phénomène si familier à chacun de nous, n'est encore que la moindre part de l'activité intellectuelle dans le travail scientifique. Sans parler de ces génies originaux, dont l'intelligence agit sans relâche, au moins dans l'état de veille; d'un Archimède, qui, tout entier au problème qu'il veut résoudre, ne s'aperçoit pas de la prise de Syracuse; d'un Descartes, pour lequel tout ce qu'il voit est un sujet de méditation; d'un Newton, qui, de son aveu même, ne cesse de réfléchir, ne savons-nous pas que la simple intelligence des théories scientifiques n'est, pour ainsi dire, que le premier degré de la connaissance? C'est peu de voir que la nature obéit à telle loi, ou de comprendre que tel principe mathématique est exact, si on n'a pu reconnaître quel concours de circonstances devait en suggérer la découverte, ou par quelle série d'idées on en a trouvé la démonstration. Un géomètre m'enseigne et me prouve avec rigueur la relation si connue qui, dans tout triangle rectangle, lie le carré de l'hypoténuse aux carrés construits sur les deux côtés de l'angle droit. Mais si je m'en tiens à son exposé, le principe qu'il vient d'établir n'est pour moi qu'un beau théorème, dont je n'aperçois ni l'origine dans l'esprit de l'inventeur, ni précisément la place et la fonction dans la série des vérités géométriques. De même, un physicien me fait constater de mes propres yeux, à l'aide d'un appareil inventé pour cet usage, les lois de Galilée qui règlent la chute des graves. Mais ces lois, puis-je me persuader que je les possède d'une science accomplie, tant que j'ignore comment ce grand homme fut amené, soit à les concevoir en elles-mêmes, soit à les vérifier par l'ingénieux artifice du plan incliné? De là, par conséquent, un nouvel effort d'investigation, plus intense en général que l'effort de simple intelligence, et qu'il suffit de tenter une seule fois pour surprendre et connaître par expérience, de quelle vive activité la cause intelligente est la source.

3° Bien plus, pour se rendre maître de la

science, il ne suffit pas d'avoir retrouvé l'une après l'autre les diverses méthodes qui ont servi à découvrir ses théories, ou les procédés analogues qu'auraient pu suivre les inventeurs. Il faut encore qu'on ait rapporté tour à tour toutes les vérités qu'elle contient aux notions primordiales et aux principes essentiels de la raison. Car il n'est pas une seule loi scientifique, soit du domaine de la spéculation pure, soit empruntée à l'expérience, qui ne se rattache à des concepts primitifs, dont elle n'est qu'une spécification singulière, ou à des axiomes évidents dont elle n'est qu'une conséquence prochaine ou éloignée. C'est ce qu'on entrevoit tout d'abord à la première inspection des sciences mathématiques, quelle que soit celle que l'on considère. Non qu'elles jouissent seules de ce privilége, mais parce que la simplicité propre de leur objet, la possibilité de les démontrer *à priori*, et la perfection relative qui les distingue, nous révèlent beaucoup plus vite leur affinité naturelle avec la raison, et leur aptitude immédiate pour cette coordination rigoureuse. Or, dans ce travail de reconstruction, auquel peut s'essayer sur les connaissances qu'il possède tout esprit de quelque vigueur, à quel degré de contention doivent s'élever et s'élèvent en effet toutes les facultés de l'intelligence! Celui qui ne craint pas de l'entreprendre, n'aspire à rien moins qu'à refaire une science à sa manière. Il revient à la définition même de cette science, aux propriétés essentielles et aux déterminations les plus générales de son objet, pour découvrir, s'il est possible, un centre de perspective d'où il la domine et l'embrasse tout entière; en reconnaît les divisions naturelles ainsi que les théories qu'elles comprennent; dégage et exprime avec précision, et l'idée-mère de chacune, et tous les principes élémentaires que la démonstration correspondante présuppose; discerne les procédés artificiels qui ne ressortent pas de la nature même des questions, des méthodes directes qui les résolvent par leurs conditions intrinsèques; et si, en dépit de tant d'efforts pour s'assimiler la vérité et transformer toute sa science en une sorte de raison acquise, il n'est pas toujours assez heureux pour amener ses connaissances à cet ordre vraiment logique, qui seul peut le satisfaire, du moins ne saurait-il douter désormais que le principe pensant, à ce drame invisible dont il a conscience, n'assiste pas comme un spectateur immobile, mais comme un acteur toujours en scène qui en remplit à lui seul tous les rôles.

4° Mais qu'est-il besoin d'une expérience aussi radicale, lorsque le moindre effort de notre part pour résoudre un problème scientifique provoque une exsertion immédiate de l'activité intellectuelle? Les questions du ressort de chaque science offrent des difficultés très-inégales, depuis les plus simples auxquelles suffit l'intelligence d'un enfant, jusqu'aux plus complexes, qui résistent au génie même. Et de là, pour chacun de nous, un moyen commode pour s'assurer à tout instant du caractère dynamique de la pensée. Demandez à cet écolier, qui vient de réfléchir à un problème de géométrie, ce qui distingue l'état de l'esprit quand il travaille, de sa manière d'être quand il se repose. Il vous répondra que c'est l'effort, l'effort plus ou moins intense durant le travail, et nul ou à peu près durant le repos. Je dis nul ou à peu près durant le repos : car, à parler avec rigueur, le repos même n'est qu'un état de moindre action, dans lequel ne cesse jamais absolument l'exercice de la pensée, si ce n'est peut-être pendant le sommeil, pourvu toutefois qu'aucun rêve ne le traverse. Mais, comme nous ressentons moins vivement le repos qui nous délasse que le travail qui nous fatigue, l'intime énergie de l'intelligence ne se trahit avec éclat que dans les occupations quelque peu pénibles, où alors il n'est plus possible de la méconnaître.

Il semble que, la science une fois apprise, tout effort du sujet pensant devrait cesser à son égard. Il n'en est rien cependant : et la même énergie dont il eut besoin pour l'acquérir, lui est encore indispensable pour la conserver.

Le plus sûr artifice pour retenir la science par le souvenir, c'est de l'avoir apprise comme nous venons de l'indiquer : c'est-à-dire, de s'être arrêté sur chaque idée et sur chaque fait, avec cette attention recueillie, qui ne se porte sur un autre objet, que lorsqu'à l'égard de l'objet actuel toute difficulté a disparu ; de s'être rendu compte, autant que faire se peut, des procédés de découverte qu'ont dû suivre les inventeurs, ou d'avoir dégagé par soi-même quelqu'une des méthodes qui auraient pu diriger leur marche ; d'avoir ramené toutes les connaissances qu'on vient d'acquérir, sous quelque point de vue qu'on les envisage, aux idées et aux lois essentielles de la pensée, de manière que la science dont il s'agit ne paraisse plus qu'un dialecte de la raison humaine ; d'en avoir appliqué, par un travail et avec un art personnels, les principes et les méthodes à des questions dont on a cherché seul la solution. Mais quel esprit studieux ne sait par expérience que, même avec ces précautions, le souvenir de la science s'affaiblit peu à peu avec le temps, et finit à la longue par s'effacer entièrement ? Or comment s'y prennent, pour remédier à cette infirmité de notre nature, les hommes non moins désireux de conserver leurs connaissances que de les acquérir? Ils reviennent sur ces idées encore rebelles à la mémoire, pour se les rendre plus familières : et, les soumettant de nouveau à la discipline qui servit à les conquérir, sans préjudice des moyens accessoires que suggèrent d'ordinaire les lois propres qui les régissent, ou une heureuse affinité avec leurs devancières, ils ne s'arrêtent dans ce nouvel effort que lorsqu'ils jugent inutile de le continuer, alors que l'intelligence, sûre enfin de ses connaissances, en dispose aussi naturellement que l'aigle de ses ailes.

Ces faits d'une incontestable exactitude suffisent déjà pleinement à la vérification de notre loi; car ils attestent que le sujet pensant, dans l'acquisition de ses connaissances, les forme ou se les assimile par un travail qui lui est propre, ou autrement, se comporte comme une force. Mais, je le répète, c'est trop peu, pour l'éclaircissement de ce qui va suivre, d'avoir mis en évidence le caractère essentiellement dynamique de l'âme humaine. Il faut pénétrer plus avant dans la connaissance de sa nature intime, et reconnaître une fois pour toutes, si elle est simple ou composée. Pour y parvenir, la première condition évidemment est d'instituer sur les opérations mêmes de la pensée un examen analogue à celui que nous poursuivons présentement sur ses objets, et de découvrir, s'il est possible, une loi générale dont les divers procédés intellectuels ne soient que des cas particuliers. Une telle loi en effet, qui exprimerait le mode fondamental d'action de la cause intelligente, nous permettrait infailliblement de décider avec une entière certitude, si la pensée est l'acte d'une seule force, ou la résultante de forces élémentaires.

Or voici cette loi subjective de la pensée qui, dans la pratique, s'associe et se superpose constamment à la loi objective de la connaissance actuellement en discussion, et qui, par suite, n'est ni moins générale, ni moins importante.

Toutes les opérations de l'intelligence humaine sont des analyses synthétiques, ou des synthèses analytiques, c'est-à-dire consistent essentiellement dans la décomposition d'un tout donné, ou dans la coordination d'éléments distincts, dont chacun intervient pour sa part, et à une place toujours assignable logiquement, dans le système auquel il se rapporte.

Pour établir cette seconde loi, observons successivement la pensée, et dans le travail de la spéculation abstraite, et dans l'interprétation de la nature des choses : deux modes d'action très-différents, mais qui, par l'hétérogénéité même de leur objet, n'en sont que plus propres à nous suggérer les restrictions auxquelles notre loi peut se trouver sujette, supposé qu'en effet elle souffre parfois quelque exception.

Si, dans l'une quelconque des sciences mathématiques, on fait abstraction de son objet propre, qui n'est toujours, comme on l'a vu, qu'une détermination immédiate ou médiate des idées d'étendue ou de force, il ne reste plus à considérer que la coordination logique des éléments scientifiques. Cette coordination embrasse la division générale de la science dont il s'agit, l'ordre des diverses théories que chaque partie peut comprendre, l'économie respective de ces théories, le mode de démonstration des théorèmes qui les constituent, enfin, la relation logique des idées élémentaires qui entrent dans les jugements par lesquels on exprime, soit les théorèmes eux-mêmes, soit les définitions initiales qui en sont la source, soit les axiomes ou postulats qui suggèrent les questions à traiter, ou autorisent les constructions et les raisonnements par lesquels on les résout. Or je dis que les actes, par lesquels la pensée satisfait à ces conditions formelles de la science mathématique, ont tous pour caractère commun d'opérer des analyses synthétiques, ou des synthèses analytiques, telles précisément que les définit la loi précédente.

Considérez en effet, sous ces divers points de vue, une des sciences mathématiques, par exemple, la géométrie. On la divise, comme on sait, en deux parties, l'une relative aux figures planes, et l'autre aux figures à trois dimensions. Mais ces deux parties, toute intelligence qui les distingue, non-seulement les rapporte également à l'étendue abstraite qui en est le fonds commun, mais de plus les conçoit selon leur connexion naturelle, d'après laquelle la géométrie plane est l'antécédent nécessaire de la géométrie de l'espace. Déjà donc la décomposition initiale de l'objet de la géométrie, qui sépare les parties de la science sans les désunir, ou les rapproche sans les confondre, est visiblement une analyse synthétique. De même, dès que je juge que l'étude des polygones doit précéder l'étude du cercle, bien que le cercle me paraisse en soi, et comme détermination rationnelle de l'étendue, entièrement indépendant de toute figure rectiligne, bien que la recherche de ses propriétés me semble de même ordre et aussi importante que la recherche des propriétés des polygones, néanmoins, par cela seul qu'à l'étude des polygones je subordonne celle du cercle, j'admets tacitement entre les théories correspondantes une intime liaison : ou autrement, la pleine conception de ces théories, qui implique celle de leur dépendance, est une véritable synthèse analytique. J'en dis autant de cet ordre en petit, qui règle la succession des théorèmes dont se composent les théories géométriques. Car apercevoir cet ordre par la pensée, c'est se représenter chaque proposition en elle-même, et dans son rapport avec celles qui la démontrent ou qu'elle sert à démontrer. A l'égard de chaque théorème, comme la démonstration qui l'établit, gît essentiellement dans un syllogisme principal, centre commun de tous les syllogismes auxiliaires, dont chacun pourtant remplit sa fonction propre, puisqu'il sert à prouver les prémisses fondamentales d'où découle le théorème ; qui hésiterait à reconnaître, dans toute démonstration géométrique, une synthèse analytique de syllogismes, et dans chaque syllogisme intégrant, une synthèse analytique de jugements ? Enfin, pour en venir aux propositions élémentaires du syllogisme simple, et, en général, aux jugements de toute espèce dont la géométrie fait usage, à titre de questions à démontrer, de définitions primordiales et d'axiomes, dire, par exemple, que deux parallèles interceptent sur la circonférence deux arcs égaux, n'est-ce pas affirmer une

4

synthèse manifeste entre deux déterminations distinctes de l'étendue, entre un cercle quelconque et un système de lignes parallèles dont la distance n'excède pas la longueur du diamètre? Dire que le cercle est une figure dans laquelle se trouve un point tel que toutes les droites menées de ce point au contour de sa surface sont égales entre elles, n'est-ce pas énoncer que le cercle est un système d'éléments coordonnés, dont la définition précédente exprime précisément la loi de corrélation? Dire que par un point on ne peut mener qu'une seule parallèle à une droite, ce qui est le postulat de la théorie des parallèles, n'est-ce pas lier le point considéré à la droite en question, ou la droite en question au point considéré, par une relation où la pensée aperçoit avec une évidence sans nuage, et chaque terme tel qu'il est, et le rapport qu'il soutient avec les termes correspondants? Par où l'on voit que la géométrie, et en général toute science mathématique, dans son ensemble comme dans ses moindres détails, est constamment soumise à la loi de l'analyse sinthétique ou de la synthèse analytique.

Cette loi préside également à l'étude de la nature, soit que la pensée en observe simplement les phénomènes, selon leur ordre spontané de coexistence ou de succession, soit qu'elle les modifie ou les provoque par une expérimentation artificielle. Lorsque l'astronome détermine la position d'un astre dans le ciel, ou que le physicien regarde au baromètre à quelle division de l'échelle correspond actuellement le sommet de la colonne mercurielle, tous deux constatent une relation, l'astronome, entre le point lumineux qu'il considère et les coordonnées angulaires auxquelles il le rapporte, le physicien, entre le mercure soulevé par la pression atmosphérique et le nombre qui en mesure la hauteur. L'observation dans ces deux cas, comme en général dans toute recherche cosmologique, est donc une coordination d'éléments matériels ou du moins engagés dans la matière, c'est-à-dire, selon notre formule favorite, une analyse synthétique ou une synthèse analytique. Quant à cette expérimentation plus complexe, sans laquelle la physique ne saurait faire un pas, sa parfaite conformité avec notre loi ressort de la seule définition de ses divers modes. Elle consiste en effet, ou à soumettre un phénomène à quelque condition particulière, pour le rendre plus aisément observable : c'est ainsi que Galilée, pour découvrir les lois de la chute des graves, fait rouler un petit chariot sur un plan non parallèle à l'horizon, et dont le degré d'inclinaison lui permet de modérer à volonté la vitesse du mouvement, sans altérer l'essence de la force qui le produit; ou à circonscrire le champ de l'observation : c'est ainsi que Dulong et Petit, pour mettre en évidence les lois du refroidissement des corps, commencent par rechercher successivement quelle influence peuvent exercer sur le phénomène dont il s'agit la masse du liquide soumis à l'expérience, sa composition chimique, la forme du vase qui le contient, et enfin l'état de l'enveloppe extérieure à travers laquelle rayonne le calorique ; ce qui les amène à reconnaître que le phénomène du refroidissement, indépendant des trois premières causes, dépend au contraire de la quatrième, c'est-à-dire de la nature de la substance qui forme la couche superficielle du réservoir, et que par suite, pour dégager la loi en question, il suffit d'observer le refroidissement d'un thermomètre, qui rayonne d'abord à boule nue, puis recouvert ou enduit tour à tour de diverses substances; ou à varier les circonstances d'une expérience, pour en confirmer les résultats : c'est ainsi que Newton, après avoir constaté, au moyen d'un prisme de verre et d'une feuille de papier, dont une moitié est peinte en rouge et l'autre moitié colorée en bleu, que les rayons de couleur différente subissent à travers le verre une inégale réfraction, institue, pour la même fin, d'autres expériences analogues dont on peut lire le détail dans son Optique; ou enfin à susciter un phénomène tellement lié à une hypothèse préconçue, que s'il se produit exactement tel qu'on l'a prévu, on devra le regarder comme une preuve en faveur de l'hypothèse qui l'a suggéré : c'est ainsi que Fresnel, reprenant l'hypothèse de Descartes et de Huyghens sur la cause et la nature de la lumière, imagine de la vérifier par l'interférence des rayons lumineux, qui en est une suite naturelle et nécessaire. Mais dans tous ces exemples où se révèle si clairement la nature logique de l'expérimentation, par quel caractère se distingue-t-elle de l'observation pure et simple ? Par cette seule différence que, dans l'observation proprement dite, on constate le phénomène selon ce qu'il est, et tel que nous le livre la nature des choses, tandis que, dans l'expérimentation même, on en a réglé d'avance le mode de production. Et comme ici l'intervention de l'art n'altère nullement l'essence logique de l'opération, qui consiste toujours dans une coordination d'éléments divers sous le regard de l'observateur, l'expérimentation de son côté se trouve déposer en faveur de notre loi, et la confirmer par un nouveau et irrécusable témoignage.

Si l'intuition des phénomènes, soit naturelle, soit dirigée par l'art, est déjà une analyse synthétique, ou une synthèse analytique, à plus forte raison en est-il de même de l'induction, dont la fonction la plus ordinaire est de supposer entre les phénomènes une relation générale qui prend alors le nom de loi.

Mais pour qu'il ne reste aucun doute à cet égard, ramenons-la à une formule générale qui mette en évidence ce double caractère. Les circonstances qui déterminent l'esprit humain à faire usage de l'induction sont au nombre de trois. D'abord, la répétition fréquente d'un même phénomène : c'est ainsi que, sans s'inquiéter des causes de stabilité du système du monde que connaissent les astronomes, et de cela seul que l'alternance des jours et des nuits s'est produite sans interruption, et aux mêmes intervalles périodiques depuis un grand nombre de siècles, le vulgaire en induit la perpétuité des mêmes vicissitudes pour tous les siècles à venir. Ensuite, le caractère mathématique du fait observé : c'est ainsi que, de trois ou quatre expériences auxquelles il a soumis une même masse gazeuse, Mariotte induit aussitôt que la relation si connue entre la pression subie par le gaz et le volume auquel il est réduit, se soutiendrait encore pour des pressions toujours croissantes, au-delà de la limite où s'arrêtent ses observations. Enfin, l'analogie du phénomène avec un autre déjà connu : c'est ainsi que, de la similitude de certaines lois de la chaleur et de la lumière, on induit la similitude ou l'identité des causes mêmes d'où procèdent les deux séries de phénomènes. Mais croire qu'un phénomène se répétera indéfiniment dans l'avenir, parce qu'il s'est longtemps répété dans le passé ; qu'une loi vérifiée entre certaines limites doit se maintenir hors des conditions dans lesquelles on l'a constatée, par cette raison qu'elle semble se traduire en formule mathématique ; que des phénomènes analogues ou identiques dérivent nécessairement de causes unies par la même affinité ; c'est supposer implicitement que la nature est constante et uniforme, qu'elle agit toujours par les voies les plus simples, ou, ce qui comprend à la fois la constance et la simplicité, qu'elle est soumise à un ordre rationnel. Conséquemment, le type général de toute induction n'est autre que le syllogisme suivant, dont toute opération inductive n'est toujours qu'un cas particulier : un ordre rationnel préside à la constitution de la nature; or la généralité du fait observé, telle que nous la concevons au-delà des limites actuelles de l'expérience, est un élément de cet ordre rationnel ; donc la généralité de ce fait est une loi de la nature. Ce qui revient à dire que l'induction est une synthèse analytique de jugements, dont le premier, dans l'ordre logique, toujours conçu *à priori*, peut affecter dans son énoncé trois formes distinctes, respectivement correspondantes aux trois conditions naturelles de l'opération, mais qui par elles-mêmes ne sont que trois cas singuliers du principe général que la nature est soumise à un ordre rationnel.

A l'égard des hypothèses qui, pour parvenir à la connaissance de la nature, ne sont ni moins nécessaires ni moins utiles que l'induction, on peut et on doit en distinguer trois espèces. La première consiste à supposer entre les éléments de l'observation une relation artificielle, qui sert ensuite de base pour en découvrir la relation naturelle : telle est l'hypothèse par laquelle les astronomes, au début de leurs recherches, admettent que les étoiles sont attachées à la surface intérieure d'une sphère immense dont la terre occupe le centre; ce qui fournit aussitôt une méthode pour déterminer les lois du mouvement diurne, dont l'interprétation rationnelle aurait pu suffire, à elle seule, pour suggérer l'idée de la rotation de la terre autour de son axe. La seconde consiste à rattacher un phénomène à un autre : telle est l'hypothèse qui rend compte de l'alternance des jours et des nuits, par la rotation diurne du globe, et de leur inégalité, par l'obliquité de l'écliptique sur l'équateur. La troisième enfin consiste à ramener un ou plusieurs phénomènes à leur cause première : telle est l'hypothèse qui explique la tendance des graves vers le centre de la terre, et en général les mouvements des corps célestes autour de leurs centres astronomiques, par une force d'attraction inhérente à chacune de leurs molécules : et ces trois espèces d'hypothèses, telle est évidemment leur nature logique, que la seule dénomination qui en exprime exactement le caractère commun est, l'on en conviendra, celle de synthèse analytique.

Que dirai-je de l'abstraction, de la comparaison, de la généralisation, dont se servent toutes les sciences indistinctement, chacune selon la nature des questions dont elle s'occupe; mais qui jouent un rôle prépondérant dans les sciences morphologiques, sinon que l'abstraction, dont la fonction propre est d'isoler de divers objets leurs qualités communes ou différentes, implique par cela même la comparaison de ces qualités; que la comparaison consiste évidemment dans une perception de rapport entre les objets comparés; que la généralisation finale, à laquelle l'une et l'autre aboutissent naturellement, rallie à un même type tous les éléments recueillis par les deux premières opérations; et qu'ainsi ces trois procédés, dont la minéralogie, la botanique et la zoologie font un si heureux usage, n'offrent encore que trois formes spécifiques de l'analyse synthétique ou de la synthèse analytique? Qu'est-ce d'ailleurs qu'une classification, ou des minéraux, ou des plantes, ou des animaux, sinon l'expression analytiquement synthétique ou synthétiquement analytique de la constitution des êtres qu'elle concerne et des relations les plus générales qui les unissent? Et cela est si vrai, que les règles qui dirigent les naturalistes dans cette coordination méthodique des trois règnes de la nature sont toutes relatives à l'une ou à l'autre de ces deux conditions fondamentales.

Mais il y a plus : c'est qu'indépendamment de toutes les opérations que nous venons d'examiner, et qui, par leur nature, requièrent toutes une pluralité d'éléments, notre loi comprend et pénètre même ces idées primordiales d'étendue et de force, d'où dérivent toutes les autres idées scientifiques. Pour la pensée en effet, ces notions, même à leur plus haut degré d'abstraction, ne sont pas des notions simples, puisqu'il est impossible d'imaginer l'étendue ou de concevoir la force, sans les définir respectivement par une propriété intrinsèque et toujours plus ou moins complexe, qui est, par exemple, pour l'étendue, d'avoir trois dimensions, et pour la force, d'être une cause d'action ou de mouvement. Mais ce qui rend ce fait psychologique encore plus manifeste, c'est la condition commune que la raison impose à l'étendue et à la force, lorsqu'elle les introduit ou les admet dans la science mathématique, c'est-à-dire d'être divisibles en parties équivalentes ou, en d'autres termes, susceptibles d'évaluation numérique. Les notions d'étendue et de force, ainsi façonnées sur la notion de nombre, qui est le type de la coordination régulière, et en général, toutes les notions scientifiques, dès qu'on est parvenu à les exprimer par une définition rationnelle, se présentent donc constamment comme des analyses synthétiques ou des synthèses analytiques. Je dis des analyses synthétiques ou des synthèses analytiques : car ces deux manières de s'exprimer sont d'une égale justesse, selon le point de vue où on envisage tout d'abord une idée scientifique. Si l'on considère sa complexité, avant d'avoir égard à sa coordination, on sera tenté de la définir une analyse synthétique. Si au contraire on a d'abord égard à sa coordination pour considérer ensuite sa complexité, on aimera mieux la définir une synthèse analytique. Mais analyse synthétique ou synthèse analytique, quelle que soit celle de ces deux dénominations qu'on adopte de préférence, toujours est-il que les deux caractères qu'elles expriment l'une et l'autre dans un ordre inverse sont également essentiels à toute idée scientifique. Et ainsi s'achève la vérification de cette loi qui représente l'élément subjectif de la connaissance, c'est-à-dire la part exclusive de la force pensante dans les systèmes logiques qu'elle construit, et qui par suite fournit la condition nécessaire et suffisante pour décider si elle est une d'une unité substantielle ou seulement de l'unité d'un tout.

En effet, dégageons-nous du préjugé d'ailleurs si naturel que nous inspirent notre union avec le corps et notre commerce incessant avec le monde sensible, et qui nous porte à contester comme incertaine ou à rejeter comme imaginaire l'existence de tout être qui ne tombe sous la perception ni de la vue ni du toucher; écartons ce voile de l'organisme qui nous cache nous-même à nous-même; consentons une fois du moins à ne juger de la nature de l'âme que d'après la loi qui exprime le mode même de son action, et nous reconnaîtrons sans hésiter que la force pensante ne saurait être un agrégat de forces élémentaires. Car dans l'hypothèse où elle serait une force composée, comment s'expliquer que toute opération de la pensée soit une analyse synthétique ou une synthèse analytique ? Ainsi toute démonstration mathématique est une synthèse analytique de syllogismes : mais à quelle condition la cause intelligente qui l'a conçue a-t-elle pu former le syllogisme principal autour duquel se groupent tous les syllogismes auxiliaires ? Tout syllogisme est une synthèse analytique de jugements : mais à quelle condition l'esprit qui embrasse et énumère dans leur ordre naturel les trois jugements qui le constituent, a-t-il pu les appréhender et les associer suivant la règle que prescrivent les logiciens ? Tout jugement est la synthèse analytique d'un sujet et d'un attribut : mais à quelle condition la pensée a-t-elle pu percevoir le rapport des termes dont il énonce la convenance ou l'opposition ? Toute observation par la conscience ou par les sens est une synthèse analytique de perceptions : mais à quelle condition l'observateur a-t-il pu saisir et coordonner dans une même intuition les phénomènes et les objets qu'il étudie? L'induction lie le présent à l'avenir, le particulier au général, les analogues à des conditions similaires d'origine et d'existence; l'hypothèse rattache l'apparence à la réalité, le fait isolé à la série dont il fait partie, l'effet qui requiert une raison d'être à la cause première qui l'a produit; l'abstraction sépare des sujets homogènes les qualités par lesquelles ils diffèrent, ou des sujets hétérogènes celles par lesquelles ils se ressemblent; la comparaison les rapproche; la généralisation les unit sous une même idée : mais à quelle condition l'invisible architecte de la science peut-il user de tous ces procédés selon sa convenance et, avec les matériaux qu'il recueille par leur emploi, élever de jour en jour ce grand et bel édifice? En vérité, la seule réponse à ces questions que soulève tour à tour l'interprétation dynamique de chaque opération intellectuelle, n'est-elle pas, je vous prie, que l'âme est une force absolument indivisible, et qui, grâce à sa simplicité essentielle, peut produire de son propre fonds ou recevoir du dehors par les organes des sens, tous les éléments logiques qu'elle met en œuvre et, de quelque origine qu'ils proviennent, les soumettre tous à une commune élaboration? Dira-t-on que toutes les forces dont l'âme est la résultante, coexistent dans une action et une réaction réciproques, et qu'ainsi, dans ce dynamisme si bien réglé, rien n'empêche de supposer une force dominante, vers laquelle convergent toutes les actions élémentaires du système, ce qui permet et assure suffisamment l'unité et l'harmonie du travail intellectuel ? Mais d'abord, que sera cette force dominante, centre unique de toutes les forces auxiliaires, sinon une force privilégiée, que son rang et sa fonction rendent seules dignes du nom d'âme? Ensuite, définissez avec précision ce que seraient, dans l'hypothèse dont il s'agit, ces actions respectives, qui des forces subordonnées convergeraient vers la force dominante. Elles consisteraient évidemment de la part de chaque force à élaborer, selon sa fonction propre, tel ou tel élément de la connaissance, puis à le transmettre ainsi préparé à la force dominante qui en formerait les théories scientifiques. Mais, d'après la loi subjective de la connaissance, il n'est pas un seul élément logique, depuis la démonstration la plus compliquée jusqu'à l'idée la moins explicite, qui ne soit lui-même une analyse synthétique ou une synthèse analytique, et dont par suite la conception nette et distincte ne suppose également un centre unique et indivisible d'appréhension pour en apercevoir simultanément les propriétés, une seule et même imagination pour en scruter les lois particulières, une seule et même raison pour en apprécier la valeur scientifique. Voilà donc par conséquent dans l'âme humaine autant d'intelligences complètes que de forces élémentaires qui la composent. Et cela est si vrai, que Gall qui, par sa localisation imaginaire des facultés de l'intelligence dans les divers organes du cerveau, avait en effet réalisé cette âme hypothétique, admet expressément autant d'intelligences distinctes que de facultés. « Toutes les facultés intellec-

« tuelles, dit-il [1], sont douées de la faculté
« perceptive, d'attention, de souvenir, de mé-
« moire, de jugement et d'imagination. » Conséquence extrême, que ne put éluder cet ingénieux anatomiste, et bien propre à nous convaincre que, quelque artifice qu'on imagine pour dissimuler l'invraisemblance ou adoucir les contradictions de l'hypothèse, on est toujours ramené sciemment ou à son insu, par la loi subjective de la connaissance, à l'invincible nécessité de reconnaître à l'âme humaine cette simplicité absolue, qui seule lui permet d'acquérir et d'élaborer les éléments de la connaissance, ou, comme nous l'avons répété si souvent, d'opérer des analyses synthétiques ou des synthèses analytiques.

Et cette conclusion du raisonnement est encore confirmée par le témoignage immédiat du sens intime. En fait, la pensée ne s'aperçoit pas comme un mécanisme composé de plusieurs pièces. Soit que le spectacle de la nature visible l'attire et l'occupe au dehors, soit

[1] T. IV, p. 328.

qu'elle spécule d'elle-même sur des données qu'elle tire de son propre fonds, un fait constant se produit et subsiste dans toute la suite de son travail, dans toutes les opérations qu'il exige, dans l'exercice de toutes les facultés qui y concourent. Ainsi, la durée totale de son action est divisible en autant de parties égales qu'on voudra : mais est-il un seul de tous ces instants où elle n'ait senti qu'elle existe d'une existence vraiment individuelle? La connaissance qu'elle acquiert est décomposable en plusieurs éléments dont la distinction est aussi certaine que leur harmonie : mais la variété de ces éléments ne forme-t-elle pas un contraste saisissant avec son intime identité, par laquelle, de l'aveu de tous, elle s'en distingue et s'y oppose? Les facultés qu'elle met en jeu conservent leurs différences spécifiques jusque dans leur concert le mieux réglé : mais quelle est celle de ces puissances qu'elle ne rapporte à soi comme à leur centre exclusif, et qui ne lui apparaisse comme une simple modalité de sa substance? S'il est un fait qui dût mettre en évidence la complexité de sa nature, dans le cas où l'unité de son être ne serait au fond que l'unité artificielle d'un composé, c'est sans nul doute le phénomène si fréquent de l'erreur, lorsqu'elle se voit réduite à revenir sur ses premiers jugements, et à rejeter, comme une vaine illusion, l'opinion qu'elle avait accueillie et embrassée tout d'abord comme la vérité même. Car n'est-il pas singulier que dans le même être qui a commis l'erreur réside aussi cette raison qui la redresse? Eh bien! chose digne de remarque, c'est précisément de cette lutte intestine qu'on serait tenté de prendre, au premier aspect, pour le conflit de principes antagonistes, que ressort avec un surcroît d'évidence l'unité numérique du sujet pensant. Car à peine revenu de sa méprise, quel homme ne sent et ne prononcerait avec une conviction irrésistible, que ce qui en lui avait conscience de l'idée fausse, il y a quelques instants, est à cette heure ce qui en lui a conscience de l'idée vraie. De sorte que l'effet naturel des contradictions du Moi pensant est de le forcer, pour ainsi dire, à affirmer sa propre identité. Seulement, comme sans nul doute le principe de la pensée subit à tout instant, soit des choses extérieures, par l'intermédiaire des organes, soit des organes seuls, une multitude d'influences qu'il est incapable de démêler ou de soupçonner, et que, par cette raison, on pourrait attribuer le sentiment de sa prétendue identité à une invincible ignorance de la pluralité et du jeu respectif des divers éléments qui le composent, c'était pour nous une impérieuse nécessité de ne pas accepter sans contrôle le témoignage pur et simple du sens intime, mais de soumettre le problème à une discussion rationnelle, pour nous affranchir, sur un point de cette importance, des objections plus ou moins spécieuses qu'il est possible d'élever contre l'autorité de la conscience.

Cette solution générale, suivant laquelle le principe pensant ne saurait être un composé d'éléments, soit physiques, soit même métaphysiques, exclut, comme cas particulier, l'opinion qui attribue au cerveau le pouvoir de produire et d'élaborer la connaissance. Mais comme cette opinion, qui peut invoquer et invoque en effet en sa faveur le rôle immense du cerveau dans l'exercice de la pensée, a compté dans tous les temps un grand nombre de partisans, il est aussi nécessaire qu'intéressant d'envisager la question à ce point de vue, qui d'ailleurs n'est point étranger au problème général qui nous occupe, puisqu'il est relatif à la notion d'étendue.

A cette fin, jetons d'abord un coup d'œil sur le cerveau. Cet organe, dont le concours, dans la condition actuelle de l'Humanité, paraît indispensable à l'action de la force pensante, nous offre à remarquer : sa position au sommet du corps, signe déjà manifeste de l'empire qu'il doit exercer sur tous les organes ; son volume, qui remplit à lui seul la majeure partie de la cavité du crâne ; son poids, qui est à celui du cervelet, environ comme neuf est à l'unité ; les circonvolutions de sa surface, c'est-à-dire ces saillies oblongues et ondulées, que séparent des sillons ou anfractuosités de profondeur variable, et dont la disposition a pour effet immédiat d'accroître la superficie du cerveau ; sa matière, qui est tantôt blanche et fibreuse, comme dans la substance médullaire, tantôt grise et granuleuse comme dans la substance corticale des circonvolutions[1]; la symétrie de ses parties : car un plan médian, mené par l'axe du corps, le diviserait en deux moitiés sensiblement identiques; la connexion de ces mêmes parties entre elles : car ses deux moitiés communiquent par plusieurs commissures, et notamment par le corps calleux ou grande commissure du cerveau, qui semble une espèce de pont d'un hémisphère à l'autre; enfin, sa relation générale avec toutes les autres parties du système nerveux : car les cordons constitutifs de la moelle épinière se continuent par le bulbe rachidien, s'engagent dans l'épaisseur de la protubérance annulaire, reçoivent encore de nouvelles fibres qui émergent du centre médullaire du cervelet, sortent de la protubérance sous la forme de deux grosses colonnes qu'on appelle les pédoncules du cerveau, engendrent successivement sur leur trajet les couches optiques, les corps striés, les hémisphères cérébraux; et le cerveau, que ces

---

[1] La substance médullaire du cerveau contient aussi de la matière grise.

deux hémisphères forment par leur juxtaposition, se trouve ainsi en rapport avec tous les éléments de l'axe cérébro-spinal, et par eux avec tous les organes respectivement soumis à leur influence.

Or, je ne sais en vérité si je suis la dupe d'une illusion, mais il me semble qu'un tel organe, loin de favoriser l'opinion de nos adversaires, confirme bien plutôt celle que nous soutenons. Car si nombreuses et si étendues que soient les relations qui unissent entre eux les éléments du cerveau, n'est-il pas de toute évidence qu'il est soumis à cette grande loi de la division du travail, qui d'un bout à l'autre du règne animal préside au perfectionnement des organismes? C'est-à-dire que la substance blanche et la substance grise, et les divers organes qu'elles constituent, tels que les couches optiques, les corps striés et les circonvolutions périphériques, doivent remplir et remplissent en effet des fonctions distinctes, qui dépendent tout ensemble de leur matière, de leur structure, de leur situation, de leur forme, de leur étendue. Ces fonctions, dont la découverte jetterait un si grand jour sur la science de la nature humaine, on n'a pu parvenir jusqu'à présent à les déterminer avec quelque précision. Mais quand même toutes les questions qui s'y rattachent seraient résolues avec autant de netteté et d'évidence qu'elles sont encore indécises et obscures, quelle conséquence jaillirait de cette grande lumière, si elle se levait un jour sur la physiologie? C'est qu'à toutes ces actions diverses, propres à chaque organe, il faut un centre unique où elles convergent, qui en opère et en assure l'harmonie. Or supposez que ce centre soit lui-même un organe spécial, analogue à ce nœud vital que M. Flourens a circonscrit dans le bulbe rachidien, et qui tient sous sa dépendance tout le mécanisme de la respiration, ce nœud de la vie intellectuelle ne sera pas sans doute un point mathématique et indivisible ; et alors, encore une fois, comment concilier cette complexité naturelle de l'organe avec cette simplicité nécessaire du centre intellectuel, que démontrent tant d'arguments d'une irrésistible évidence ?

Mais, dira-t-on, si la force pensante est distincte des forces cérébrales, d'où vient cette influence naturelle, permanente, irrésistible des éléments du cerveau sur l'action propre de cette force? L'anatomie comparée, l'expérimentation physiologique, les faits pathologiques les mieux constatés par les observateurs les plus habiles et les plus sincères, dans les circonstances les plus diverses, tout atteste que cet organe est la cause productrice de la pensée. Ainsi, les circonvolutions de sa surface, nulles chez les poissons, les reptiles, les oiseaux, et même chez quelques mammifères, que leur peu d'intelligence rejette au plus bas degré de cette classe, apparaissent dans l'ordre des rongeurs et des édentés, se développent chez les carnassiers, les ruminants, les solipèdes, prennent encore de plus grandes dimensions chez les singes et les éléphants, et atteignent leur maximum de complexité et de grandeur dans la nature humaine, qui, seule à cause de cela, jouit du privilége de la raison. De même, toute lésion morbide ou traumatique, tant soit peu profonde ou durable, des organes cérébraux, détermine un trouble proportionnel ou des perceptions, ou de l'entendement, ou de l'imagination, ou de la mémoire, ou de toutes ces facultés ensemble. Et, par exemple, que sont l'idiotie et la folie, ces deux fléaux de la pensée, qui aliènent l'homme de lui-même, et lui ravissent sa personnalité, sinon deux maladies de l'encéphale, ou congéniales, ou accidentelles? Or, lorsqu'une si étroite dépendance lie mutuellement ce qui pense et ce qui sert à penser, les degrés divers de l'intelligence et les variations de son organe, les défaillances de la raison et les altérations du siége où elle réside, comment, au spectacle d'une corrélation si bien constatée, ne pas reconnaître l'identité substantielle de la force pensante et de l'énergie cérébrale, et rejeter avec tant d'obstination une doctrine qui, à vrai dire, n'est que l'expression immédiate des données de l'expérience?

Cette objection, qui résume presque à elle seule tous les arguments du matérialisme, nous suggère elle-même le principe auquel il faut remonter pour y répondre. Elle consiste, en effet, à transporter au cerveau, ou par une hypothèse implicite, ou par un aveu formel, cette activité qui gît au fond de toute connaissance, et se révèle au sujet pensant par la conscience. Conséquemment, ceux qui la formulent et nous l'opposent avec tant de confiance ne sauraient s'étonner qu'à leur exemple j'attribue aux molécules intégrantes de la matière cérébrale une activité propre tout à fait analogue à celle de la force pensante. Et d'ailleurs, qui oserait aujourd'hui refuser à la matière organique cette énergie intrinsèque qui se manifeste dans la nature par autant d'effets qu'il s'y rencontre de phénomènes, et qui, depuis Newton, a envahi tour à tour l'astronomie, la physique et la chimie? Or, de ce grand principe du dynamisme cérébral, qui lui-même, comme on le verra plus loin, n'est qu'un cas particulier du dynamisme général de la nature, deux conséquences découlent nécessairement: la première, c'est que la force pensante, en dépit de tous ses efforts pour agir constamment selon son essence, ne saurait pourtant opérer avec une indépendance absolue, et comme si elle était seule, ou unie à une matière inerte qui n'exercerait sur elle aucune action ; la seconde, c'est que cette action de la matière cérébrale sur la force pensante, doit dépendre à la fois de l'essence propre de ses molécules, c'est-à-dire de sa composition chimique ; de leur nombre, c'est-à-dire de sa masse pondérale ; de leur mode d'agrégation, c'est-à-dire de sa texture intime et de sa configuration visible. De là ces inégalités intellectuelles qu'on observe dans le règne animal, soit entre les diverses espèces d'animaux, soit dans une même espèce, entre les individus qui relèvent d'un même type, selon que les lois générales qui règlent l'économie de l'encéphale, ou les circonstances accidentelles qui affectent cet organe, secondent ou contrarient l'exsertion de la pensée. De là aussi l'influence des maladies et des lésions : car toute maladie interne ou toute lésion survenue du dehors, qui altère la matière encéphalique, ou en diminue la quantité, ou détermine une anomalie de structure, trouble, par cela même, le concert des forces cérébrales, en affaiblit ou en exalte l'énergie, et suscite tout à coup ou amène peu à peu, entre le dynamisme psychologique et le dynamisme cérébral, ce désaccord qui gêne ou empêche absolument l'exercice normal de l'intelligence. Mais de cette corrélation dynamique entre le principe pensant et l'organe immédiat de la pensée, il serait aussi absurde d'induire leur identité substantielle, qu'en mécanique, d'inférer l'unicité de deux forces, des variations de leur résultante à mesure que varie en intensité et en direction l'une ou l'autre des composantes; ou en chimie, d'identifier l'oxygène et l'hydrogène, parce que ces deux gaz, par leur combinaison mutuelle, paraissent perdre toutes les propriétés qu'ils possèdent lorsqu'ils agissent chacun à part. En vain, pour ruiner cette distinction essentielle de la force pensante et des forces cérébrales, en appelle-t-on sans cesse au témoignage de l'expérience. La vérité est, qu'à parler avec rigueur, l'expérience physiologique ou pathologique est entièrement neutre dans la question; qu'à chaque fait qu'on nous oppose, on substitue, sans en avoir l'air, la signification hypothétique qu'on lui attribue, et qu'à force de s'attacher exclusivement à l'un des deux termes du problème, on finit par raisonner comme si l'autre n'existait pas.

Je ne voudrais pas prolonger cette discussion sur la nature intime de l'âme au-delà de ce qui est nécessaire pour établir solidement les principes de la philosophie première. Mais dans un sujet si délicat, où il n'est que trop facile de se laisser aller à l'illusion, comment passer sous silence l'objection si spécieuse que Kant, dans la *Critique de la raison pure*, oppose à toute démonstration de la simplicité du Moi pensant? Il est des hommes, et Kant est de ce nombre, dont les erreurs mêmes font partie de la science qu'ils ont cultivée. Non que de leur part l'erreur cesse d'être l'erreur, mais parce que l'autorité de leur nom impose la nécessité de les réfuter à quiconque traite après eux les mêmes questions. Pour mon compte, je ne saurais me croire, sur quelque point que ce soit, en possession de la vérité, tant que s'élèverait, avec quelque apparence de raison, contre la solution que je propose ou que j'adopte, la voix d'un tel adversaire.

Soumettons donc notre démonstration à cette dernière épreuve, et d'abord, traduisons, telle que Kant l'a lui-même énoncée, la formule générale dont il se flatte d'avoir démontré pour jamais l'inanité.

« — Une chose dont l'action ne peut jamais être considérée comme la résultante du concours de plusieurs choses est simple. »

« — Or l'âme, ou le Moi pensant est une chose de cette nature. »

« — Donc, etc. »

« — Voilà l'Achille de tous les raisonne-
« ments dialectiques de la psychologie ration-
« nelle. Il ne s'agit pas ici d'un pur sophisme
« imaginé par un dogmatique, pour donner à
« ses affirmations une apparence éphémère de
« vérité, mais d'un argument qui semble dé-
« fier l'examen le plus minutieux et les scru-
« pules de la critique la plus exigeante. »

« — Une substance composée est un agrégat
« de parties, et l'action d'un composé, ou toute
« autre propriété qu'il possède à ce titre, est
« un agrégat d'actions et d'accidents, qui sont

« répartis entre ses divers éléments. Or, à la
« vérité, il peut arriver qu'une action résulte
« du concours de plusieurs substances, quand
« cette opération est tout extérieure, et c'est
« ainsi que le mouvement d'un corps suit des
« mouvements respectifs de ses parties. Mais il
« en est tout autrement des pensées, comme
« accidents intérieurs propres à l'être pensant.
« Admettez en effet que le composé pût penser.
« Dans cette hypothèse, chaque élément du
« composé devrait contenir un élément de la
« pensée, et tous les éléments pris ensemble
« la pensée totale. Or c'est là une contradic-
« tion : car des représentations qui se parta-
« gent entre différents êtres, comme seraient
« les mots isolés d'un vers, ne formant jamais
« un ensemble, un vers, par cette raison, la
« pensée ne peut être inhérente à une sub-
« stance en tant que composée. La pensée n'est
« donc possible que dans une substance qui
« n'est pas un agrégat de parties, qui, par
« suite, est absolument simple [1]. »

Il semble par ce passage que Kant recon-

[1] *Kritik der reinen Vernunft*, édit. Hartenstein, p. 684.

naisse expressément la légitimité de l'argument, et qu'il ne puisse, sans se contredire, en tenter peu après la réfutation. Mais on va voir qu'il n'en est pas tout à fait ainsi. Seulement, pour bien comprendre le sens et la valeur de son objection, il est nécessaire de remonter aux principes généraux de sa doctrine.

Suivant sa théorie fondamentale, toute connaissance implique deux espèces de conditions. — 1° Des intuitions : les unes primordiales et *à priori*, comme l'espace et le temps, dont le premier est la forme du sens intime, et le second, le champ de tous les objets physiques, soumis de plus, comme l'objet du sens intime, à la condition du temps; les autres empiriques et spéciales à leurs causes immédiates, comme les impressions par lesquelles tel ou tel corps affecte la vue ou le toucher. — 2° Des concepts indépendants de la conscience et des sens, dont l'entendement est la source unique, qu'il importe et introduit dans les données expérimentales, et que Kant appelle catégories, d'un nom emprunté à Aristote. Par exemple, pour que je me représente cet édifice qui s'élève en face de moi, il faut qu'il frappe ma vue par une impression organique, qui n'est autre que l'intuition empirique ; que je le localise dans l'espace, qui remplit ici l'office d'intuition *à priori;* enfin, que j'en dessine la figure, suivant certaines règles, c'est-à-dire, au fond, suivant la catégorie de quantité, dont ces règles sont autant de déterminations diverses. Cette loi, qui préside à l'acquisition de toute connaissance, régit naturellement celle de l'âme humaine : c'est-à-dire que, pour acquérir l'idée de l'âme humaine, sous un point de vue déterminé, il faut une intuition corrélative à ce point de vue, et une catégorie qui donne un sens à l'intuition. Or, suivant notre philosophe, lorsque nous essayons de concevoir l'âme comme substance simple, la catégorie requise ne nous manque pas : car celle de substance se présente d'elle-même. Mais l'intuition correspondante nous fait défaut. La seule donnée du sens intime qui pourrait remplir cet office, c'est la conscience de la pensée, puisque cette conscience est un fait, qu'on ne peut révoquer en doute.

Mais, ajoute Kant, la conscience de la pensée, ou, d'un seul mot, la pensée, n'est pas une représentation qui se rapporte à un objet particulier : c'est la forme de la représentation en général, et qui, à ce titre, ne saurait suffire à la connaissance d'un objet quelconque, de l'âme humaine comme de toute autre. Si j'imagine un triangle, ou si je perçois un arbre, l'image dans le premier cas, et dans le second la perception, ont pour support ou pour matière, l'une, l'intuition *à priori* de l'espace, l'autre, une intuition expérimentale ; et c'est à ces données intuitives, sans lesquelles la pensée pure se réduirait à une forme vide, que les connaissances qu'elle acquiert doivent de correspondre à des objets déterminés. Or, s'il en est ainsi, comment ce concept vague et abstrait de la pensée, absolument stérile et inefficace à l'égard de toute autre notion, même la plus vulgaire et la plus indifférente, nous révélerait-il tout à coup, par une exception inexplicable, une des plus mystérieuses et des plus intéressantes propriétés de notre nature, à savoir, la simplicité du Moi pensant?

L'idée du Moi pensant peut et doit sans doute différer de toute autre notion, par le caractère spécifique qu'elle emprunte de son objet, si toutefois cet objet tombe sous les prises de l'Intelligence ; mais au point de vue logique, et en tant qu'idée, elle ne saurait déroger à la loi générale de la pensée qui, pour toute connaissance, requiert le concours simultané de la catégorie et de l'intuition ; la première, fournie par l'entendement, qui la tire de son propre fonds, la seconde, ou également donnée *à priori*, ou, dans le cas contraire, fournie par l'expérience.

Cela posé, revenons au syllogisme par lequel on s'imagine démontrer la simplicité du Moi pensant. La majeure est un axiome, dont il est inutile de contester l'exactitude. Car cet axiome, entendu selon son vrai sens, signifie que tout objet connu suivant la loi fondamentale de la connaissance, sous la double condition de la catégorie requise et de l'intuition corrélative, doit être considéré comme un être simple, si toutefois la connaissance que nous en avons nous représente son action comme inexplicable par le concours de plusieurs substances. Et ce jugement ne soulève aucune objection, parce qu'il n'exprime qu'une nécessité hypothétique, et qui n'a rien que de conforme aux règles de l'entendement. Mais il n'en est pas de même de la mineure. Car le sens implicite de cette proposition, est que l'âme humaine nous est connue suivant toutes les conditions que requiert la loi de la connaissance. Et c'est précisément ce qui n'est pas, ni ne saurait être, tant que la nature humaine sera ce qu'elle est, puisque l'intuition du Moi pensant manque absolument à notre intelligence. L'argument dont il s'agit, cet Achille de tous les raisonnements dialectiques, revient donc à la formule suivante :

Tout objet dont l'idée satisfait à la double condition de la catégorie et de l'intuition, et de plus nous révèle son action comme inexplicable par le concours de plusieurs substances, est un être simple.

Or l'âme humaine, ou le Moi pensant, est un être de cette nature.

Donc l'âme humaine est un être simple. Et

comme encore une fois la mineure est erronée, d'après ce qui précède, on voit qu'à vrai dire, cette preuve, si vantée et si rigoureuse en apparence, se réduit à un pur paralogisme.

Voilà l'objection dans toute sa force. Et en vérité, il est aussi inutile de l'affaiblir, qu'il serait puéril de la dissimuler ; car aucune peut-être n'est plus propre à nous confirmer dans notre doctrine. Assurément, dirons-nous à Kant, vous avez raison d'interdire aux psychologues de conclure, du concept de la pensée en général, à la simplicité essentielle du Moi pensant. Car un psychologue qui tenterait cette singulière entreprise, serait dans le cas d'un astronome, qui, certain du caractère géométrique des courbes célestes, se proposerait d'après cette simple conviction, et sans aucune autre donnée sur la forme de ces courbes, de remonter aux causes primordiales qui les déterminent. Mais, grâces au ciel, cette nature humaine, dont vous méditez, dites-vous, la grandeur, mais dont vous exagérez si souvent l'infirmité, la nature humaine, en dépit de votre ironie, n'est pas réduite à ce stérile labeur sur une question qui la touche de si près. Car la conscience de la pensée n'est pas une forme tout à fait vide, sans aucune espèce de contenu qui puisse servir à déterminer la nature du sujet pensant. Et ce contenu, au point de vue qui nous occupe, c'est le fait désormais hors de doute, que toute opération intellectuelle est une analyse synthétique ou une synthèse analytique. La question est donc de savoir, non si le principe de la pensée en général, et dont nous ne savons absolument rien, sinon qu'il pense, est simple ou composé, mais laquelle de ces deux propriétés convient ou répugne à ce même principe, lorsque déjà nous savons, non-seulement qu'il est capable de connaissance, mais que toutes ses connaissances sont des analyses synthétiques ou des synthèses analytiques. Voilà le problème rétabli dans ses véritables termes, et dont votre objection dissimulait la donnée essentielle. Or, le point en litige ainsi défini, osez soutenir que cette opération de l'analyse synthétique ou de la synthèse analytique, qui, dans ce cas particulier, est précisément l'intuition que vous réclamez, osez soutenir qu'on peut, sans absurdité, l'attribuer à un sujet composé, vous qui, mieux inspiré dans le passage cité plus haut, avez écrit ces propres paroles : « Que « dans cette hypothèse, chaque élément du « composé devrait contenir un élément de la « pensée, et tous les éléments pris ensemble, la « pensée totale : ce qui est une contradiction. » Convenez donc de bonne foi que l'Achille de tous les raisonnements dialectiques, comme vous l'appeliez tout d'abord avec plus de justesse que vous ne pensiez, satisfait, avec un bonheur inespéré, à toutes les conditions qu'il vous a plu d'imposer, et auxquelles nous avons souscrit sans restriction. De sorte qu'il triomphe de votre objection, même au point de vue de votre système, qui pourtant n'a qu'une valeur hypothétique : et cela, non par un de ces artifices de dialectique où vous êtes un si grand maître, mais tout naturellement par la force irrésistible de ce fait, que la pensée dans tous ses actes opère constamment des analyses synthétiques ou des synthèses analytiques [1].

[1] Voyez la note A à la fin du volume.

Plus rebelle que la psychologie, du moins en apparence, à la loi objective de la connaissance, la logique semble y échapper absolument. Où trouver en effet, et dans les Analytiques d'Aristote, qui contiennent la théorie complète du raisonnement et de la démonstration, et dans les écrits non moins admirables de Descartes, tels que le discours de la Méthode ou les règles pour la direction de l'esprit, et dans le *Novum Organum* de Bacon, accepté depuis deux siècles comme le code de l'interprétation de la nature, où trouver dans ces archives de la raison humaine, je ne dirai pas des théories logiques auxquelles notre règle serve de fondement, mais un seul témoignage, tant soit peu explicite, qu'il nous soit permis d'alléguer en sa faveur? Et pourtant, de toutes les sciences anthropologiques, la logique assurément est celle qui, de l'aveu de tous, a su conquérir, par l'exactitude de ses principes et la généralité de ses règles, le plus de titres incontestables au rang de science définitive, digne de figurer, sans trop de désavantage, à côté de ces sciences plus récentes, dont les idées sont désormais pour la raison une possession éternelle. Mais si, sans s'étonner du silence de la tradition, on recherche, libre de tout préjugé, quelles conditions nouvelles impose à la logique l'esprit scientifique de notre siècle, on reconnaît aussitôt que la logique, telle que l'entendent et la pratiquent les sciences modernes, a précisément pour base le principe dont les logiciens n'ont jamais parlé, et qu'on ne suppose en défaut à l'égard de cette science, que faute d'en avoir bien compris l'organisation rationnelle.

En effet, la logique est la science des sciences : définition si naturelle, qu'elle se rencontre déjà dans Aristote, qui, par une déduction peu rigoureuse, en avait conclu que la logique est moins une science indépendante, que la forme abstraite de la science. Selon cette manière de la concevoir, la première des questions qu'elle doit traiter est le problème de la classification des sciences. Car quelle science fera la revue de toutes les autres, leur assignant à chacune sa place dans le vaste empire de l'intelligence, sinon celle-là même qui, par sa nature et sa fonction, les étudie à titre de sciences ? — Ensuite, une fois en possession de toutes les sciences, elle doit mettre en lumière les lois communes à toutes les méthodes qu'elles pratiquent, lois dont le système constituera cette méthode générale de l'esprit humain, rêvée par Descartes, et dont il se flattait d'avoir donné, dans le discours de la Méthode, la formule définitive. Car, si l'examen des méthodes propres à chaque science intéresse vivement notre raison, aussi curieuse des lois de la pensée que des lois de la nature, ce n'est pas à coup sûr dans la simple exposition de procédés indépendants, et sans autre lien mutuel qu'un rapport vague à notre faculté de connaître, mais bien dans une théorie générale qui définisse ce rapport, qu'elle reconnaîtra jamais une logique qui mérite le nom de science. — Enfin, comme le navigateur, près de s'aventurer sur l'Océan, veut savoir, outre la route à parcourir, tous les écueils qu'il doit redouter, ainsi la raison humaine réclame de la logique, qu'elle dévoile et énumère toutes les causes d'erreur qui peuvent déconcerter sa marche et ralentir son progrès. Or, 1° comme une science quelconque correspond, de toute nécessité, à une certaine intuition de l'étendue ou de la force, on voit qu'en fait, dresser la classification des sciences, c'est coördonner toutes les déterminations rationnelles de l'étendue ou de la force. 2° Toutes les règles logiques de la science n'étant que les lois naturelles de la pensée converties en préceptes, et parmi les lois naturelles de la pensée, les seules fondamentales se réduisant exclusivement à la loi de l'analyse synthétique et à celle que nous vérifions, on concédera sans peine qu'une méthode générale de l'esprit humain, dans toutes les carrières qu'il s'est ouvertes, devra comprendre la seconde loi au même titre que la première, et retenir par conséquent les deux notions primordiales d'étendue et de force. Enfin, si cette méthode, comme on le pressent déjà, consiste, en toute recherche scientifique, d'abord, à opérer sous la loi de l'analyse synthétique ou de la synthèse analytique, une ou plusieurs intuitions rationnelles de l'étendue ou de la force, puis à développer ces premiers éléments par des procédés soumis aux mêmes conditions, n'est-il pas clair que les erreurs de la science humaine, réduction faite de toutes leurs causes secondes et dérivées, ne sauraient avoir d'autre origine qu'une infraction tacite ou expresse à l'une ou à l'autre de ces deux règles? De sorte que notre loi qui préside à la coordination des sciences, qui est l'âme de leur méthode générale, qui explique jusqu'à leurs erreurs et même en simplifie les causes, non-seulement régit la logique, tout comme les sciences que la logique étudie, mais suffit presque à elle seule pour la représenter tout entière.

D'ailleurs, rien de plus facile que de vérifier directement l'exactitude absolue de cette loi par le témoignage même des sciences sur les divers problèmes logiques, dont elle nous a suggéré la solution. Pour nous borner au seul problème de la méthode, le plus important de tous, demandez aux sciences cosmologiques comment chacune d'elles, si longtemps incertaine de son objet et de ses règles, a pu s'émanciper tout à coup de son enfance séculaire, et dans un si court intervalle, recueillir plus de vérités que déjà n'en peut embrasser la plus vaste intelligence. Laplace [1], rappelant, dans l'exposition du système du monde, les lois de la chute des graves découvertes par Galilée, ne peut retenir cette réflexion : « Il « nous semble aujourd'hui qu'il était facile d'y « parvenir ; mais puisqu'elles avaient échappé « aux recherches des philosophes, malgré les « phénomènes qui les reproduisaient sans cesse, « il fallait un rare génie pour les démêler dans « ces phénomènes. » C'est qu'en effet le plus difficile n'était pas précisément de découvrir les lois en question, mais de discerner, dans les éléments du phénomène, ceux qui devaient attirer de préférence l'attention de l'observateur. Et ce sont ces éléments, seuls doués d'une aptitude scientifique, à savoir les espaces parcourus par un corps qui tombe, avec les intervalles de temps employés à les parcourir, et qui avaient échappé à des hommes tels qu'Aristote et Archimède, que Galilée, par une

---

[1] L. III, c. 2.

intuition bien supérieure à celle du fait particulier qui l'occupait, sut dégager et lier entre eux par ces formules si célèbres, qui dévoilaient enfin aux physiciens, et l'objet propre de la physique, et la règle organique de sa méthode. Un siècle et demi après Galilée, lorsque Newton eut généralisé la découverte de ce grand homme, et, par un nouveau progrès sur lui-même, transporté aux combinaisons moléculaires ce caractère dynamique qu'il avait reconnu et démontré dans les phénomènes célestes, comment Lavoisier, héritier et interprète de sa pensée, procède-t-il à la décomposition de l'air atmosphérique? Par la calcination du mercure, c'est-à-dire par une expérience qui implique une double hypothèse dynamique, l'hypothèse d'une force d'affinité entre certains éléments de l'air et ceux du mercure, et l'hypothèse que le calorique, vaporisant le mercure par la force qui lui est propre, doit seconder très-probablement l'affinité supposée, et susciter un nouveau corps, dont l'air et le mercure auront fourni les éléments. Enfin, à la même époque, par quel ar-

tifice deux autres grands hommes, Haüy, créateur de la cristallographie, et Laurent de Jussieu, réformateur de la botanique, nous révèlent-ils tour à tour, l'un ces types cristallins qui règlent la formation des minéraux, l'autre cette grande loi de la subordination des caractères, qui depuis longtemps déjà préside à toute classification des êtres vivants? La minéralogie et la botanique nous l'apprennent : par l'examen et la comparaison de ces formes définies, sous lesquelles se coordonnent les éléments du minéral et de la plante. Dans la science du règne animal, en quoi la méthode naturelle de Cuvier se distingue-t-elle de la méthode artificielle de Buffon, sinon par cette différence, que Cuvier fonde la classification des animaux sur leur anatomie comparée, tandis que Buffon les distribuait d'après leurs rapports avec l'homme, et cela, dit-il, « parce qu'il nous est plus facile, plus agréa-
« ble et plus utile, de considérer les choses
« par rapport à nous, que sous un autre point
« de vue. » Comme on le voit par tous ces exemples, que je me contente de signaler,

mais qu'il serait aisé d'interpréter plus au long, la pratique constante et obligée du physicien, du chimiste, du naturaliste, est soit d'observer des mouvements, soit de supposer ou de mettre en jeu des forces propres ou auxiliaires, soit d'étudier et de décrire des formes visibles, en un mot, de prendre exclusivement pour base ou pour objet, chacun dans la sphère propre de ses recherches, des déterminations rationnelles de l'étendue ou de la force, comme les seuls éléments que la raison puisse recevoir et mettre en œuvre dans les théories scientifiques.

Cette règle fondamentale de la méthode générale de l'esprit humain, telle que nous avons dû la formuler, on pourrait croire qu'elle laisse en dehors de soi toutes les sciences numériques, qui relèvent immédiatement de la notion de nombre, dans lesquelles la notion de force n'est d'aucun usage, et dont les théories essentielles sont tout à fait indépendantes de la notion d'étendue. Mais cette anomalie apparente s'évanouit d'elle-même, dès qu'on a égard au rôle des signes dans les sciences de cet ordre. En effet, la première condition de toute théorie numérique, c'est l'institution de signes propres à peindre aux yeux ou à l'imagination les nombres et les relations numériques que l'on considère. Ainsi, en arithmétique, il ne suffit pas d'avoir conçu, avec toute la netteté requise, le mode de formation des nombres, le rapport de chaque espèce d'unités à celle qui la précède ou qui la suit, et l'ordre suivant lequel il convient de les associer et de les énoncer, en un mot, tout ce système de numération, pour ainsi dire naturel, qui s'exprime comme on parle, et qu'on appelle à cause de cela numération parlée. Il faut de plus que ce système, on ait appris à le traduire dans un autre identique au premier par le sens et par les principes, mais dont les signes moins compliqués se prêtent plus commodément aux opérations ultérieures que suggère et comporte la nature propre des nombres. De là aussi, en algèbre, où on fait abstraction, à l'égard des nombres, de leurs valeurs singulières, pour étudier et rechercher uniquement leurs formes et leurs relations générales, nécessité de nouvelles notations qui aient la propriété de ne subir, dans la suite du calcul, que les réductions inévitables et nécessaires, de se retrouver identiques dans les résultats auxquels on aboutit, et de conduire ainsi, par le fait de leur indétermination, à des formules générales, qu'on applique ensuite sans difficulté à tous les cas similaires. Par exemple, comment découvrir la loi de développement des puissances successives d'un binôme, si on ne représente chaque facteur par des lettres, et de plus par des lettres différentes, dont la diversité permettra de saisir d'un coup d'œil le mode de composition des divers coefficients? Ou encore, comment énoncer la règle correspondante, avec toute la généralité qu'elle admet, si, par une convention aussi simple que rationnelle, on n'introduit dans la langue algébrique la notation des exposants négatifs et fractionnaires? Mais, en algèbre comme en arithmétique, toute notation spéciale n'est jamais que la traduction d'une idée préconçue, et ne diffère par conséquent de l'expression de cette idée en langage ordinaire, que par la forme sensible qui lui est propre, c'est-à-dire par la manière dont elle représente l'idée dans l'étendue. La loi des signes, qui domine toutes les sciences mathématiques, tant célébrée par les philosophes du siècle dernier, qui avaient même fini par en forcer le sens, n'est donc, comme on devait s'y attendre, qu'un cas particulier de cette règle plus générale suivant laquelle l'esprit humain, à chaque nouveau progrès auquel il aspire, doit toujours revenir à la considération de l'étendue ou de la force, source inépuisable d'intuitions et de découvertes.

Mais cette même règle fait plus qu'exprimer la condition primordiale de tous les procédés mis en usage par les sciences mathématiques et physiques, car elle fournit encore aux sciences anthropologiques leur principe propre d'organisation. Prenons pour exemple la psychologie, celle de ces sciences qui est, par sa nature, la racine de toutes les autres, et, par sa complexité, de beaucoup la plus difficile. Quels secours ne reçoit-elle pas de la notion de force! Éliminez cette notion de la méthode qui la dirige, et aussitôt elle languit misérablement dans la stérilité et l'impuissance : incapable de définir la nature de l'âme, puisqu'en fait l'âme est une force dont toutes les propriétés sont des puissances, dont toutes les opérations sont des actes, dont toutes les manières d'être sont autant de modes de son action ; incapable de soutenir et de défendre, contre ceux qui la contestent ou qui la nient, son identité substantielle, puisqu'assurément la plus solide ou la moins fragile des objections matérialistes est l'influence perpétuelle du cerveau sur le jeu de nos facultés, et que la seule explication plausible des aberrations de l'intelligence est dans le conflit du dynamisme cérébral avec le dynamisme psychologique ; incapable enfin de lui assigner aucun rang dans la hiérarchie des autres forces naturelles, entre lesquelles notre âme, si elle n'est elle-même une force active, se trouve nécessairement comme isolée et étrangère. Voilà certes d'insignes services que doit à l'idée de force la science de l'homme intérieur, et qui pourtant ne surpassent pas ceux qu'elle peut attendre de l'idée d'étendue.

Sans parler des rapports de la psychologie avec la science du corps humain, et, par elle, avec les sciences physico-chimiques, ses tributaires, quel moyen plus efficace pour découvrir les lois de nos facultés intellectuelles et morales que d'en observer la manifestation extérieure dans les sciences et dans les arts? Cuvier se glorifiait à juste titre de mettre dans ses leçons l'esprit humain en expérience. Mais, à vrai dire, est-il une science qui ne possède ce privilége aussi bien que l'anatomie et la physiologie comparées? On le voit bien par cette loi objective de la connaissance qui nous occupe en ce moment, et par cette autre loi de l'analyse synthétique, qui nous a servi plus haut à en définir le mode général d'acquisition. Ces deux lois sont évidemment des lois psychologiques : car tout homme qui rentre en soi-même reconnaît incontinent qu'il ne saurait ni se représenter aucun phénomène sensible sans l'attribut de l'étendue, ni concevoir aucune cause première sans l'attribut de la force, ni user, si peu que ce soit, de la faculté de connaître, sans opérer, dès le premier effort, des analyses synthétiques ou des synthèses analytiques. Il était donc possible de les induire, ces lois générales de l'esprit humain, des seules données du sens intime, et sans regarder au-delà de l'horizon de la conscience. Mais, outre que le témoignage exclusif de la conscience ne suffisait pas pour nous assurer qu'en effet elles dominent et régissent tout le développement scientifique de la pensée, avec combien plus d'évidence et d'autorité elles s'imposent à notre raison et prennent rang parmi les vérités scientifiques, lorsque nous les voyons sortir et se dégager, par un essor si spontané, du sein même de toutes les sciences! Si, de plus, l'on réfléchit que les chefs-d'œuvre des lettres et des arts, dans lesquels la personnalité humaine est bien autrement engagée que dans les sciences mathématiques et cosmologiques, expriment aussi à leur manière les facultés de notre nature, on ne doutera plus que, de leur côté, ils ne puissent servir de réactifs pour provoquer et faire agir, sous le regard de la conscience, les plus secrètes puissances de notre âme, et qu'ainsi la science et l'art, ces grandes incarnations de l'activité humaine dans l'étendue, ne soient les auxiliaires naturels de la science de l'âme, dont ils reçoivent à leur tour, comme d'un foyer commun, la lumière qui les pénètre et les éclaire.

L'esthétique, qui est aux beaux-arts ce que la logique est aux sciences, comprend aussi trois problèmes, auxquels se ramènent facilement tous les autres de même ordre. Celui qui se présente le premier, et qu'elle doit se proposer tout d'abord, concerne la classification des beaux-arts, qui, en esthétique, joue exactement le même rôle qu'en logique la classification des sciences. Car, à part l'intérêt propre de la question, et la nécessité de définir avec précision l'essence de chaque art, de même qu'en logique, le tableau synoptique des sciences, s'il en représente fidèlement les relations naturelles, indique d'avance dans quel ordre il convient d'étudier leurs méthodes respectives, ainsi, en esthétique, le système général des beaux-arts, qui en assigne le nombre et les rapports, suggère déjà, par les éléments qui le composent, toutes les divisions essentielles de leur étude. Le second a pour objet cette étude même, qui d'abord se décompose en autant de parties distinctes que la classification a signalé d'arts différents, et de plus, dans la sphère de chaque art, se subdivise encore en deux autres, à savoir, la recherche des conditions constantes du beau dans l'art dont il s'agit, et l'étude des divers genres qu'il peut comprendre. Car, même sans aucun exemple à l'appui de cette assertion, on conçoit aisément que, par rapport à un art donné, on puisse instituer tout ensemble, et une théorie abstraite de cet art, applicable dans toutes ses règles à toutes les œuvres de sa dépendance, et, à un degré inférieur, au point de vue de la généralité, des théories spéciales aux divers genres qu'il embrasse, dont le nombre, par cette raison, doit être égal à celui des genres. Le troisième enfin est le problème de la nature du beau en général, ou plutôt des conditions du beau communes à tous les beaux-arts, qui s'élève et se pose de lui-même, après qu'on a recherché et recueilli, dans tous les arts particuliers, les conditions de leur beauté propre, et dont le travail antérieur a pu seul préparer la solution. L'esthétique, ainsi affectée à l'étude exclusive des beaux-arts, dont les chefs-d'œuvre offrent à son examen autant d'objets déterminés, et à ses théories, chacun selon son degré de perfection, autant d'exemples pour les contrôler par l'expérience, se trouve, par ce mode d'organisation, circonscrite dans ses limites naturelles, et protégée, autant que possible, contre les perpétuelles incursions de la fantaisie.

Cela posé, les arts dont la classification des beaux-arts établit l'existence, sont : l'architecture, qui est l'art de bâtir, c'est-à-dire d'élever des édifices, soit à l'usage de l'homme, soit pour le culte divin ; la sculpture, qui est l'art de faire prendre à la matière des formes empruntées aux trois règnes de la nature ou créées par l'imagination ; le peinture, qui est l'art de représenter sur un plan artificiel tous les objets susceptibles de produire leur image sur le plan naturel de la rétine ; c'est la série des arts optiques, dont les œuvres tombent sous la perception de la vue : la grammaire esthétique, qui recherche les conditions auxquelles doivent satisfaire les mots d'une langue, soit dans leur composition élémentaire, soit dans les modifications qu'ils subissent, soit dans leurs relations syntaxiques, pour conspirer, autant que possible, à la beauté du discours; la rhétorique, qui est l'art de bien dire, et comprend par conséquent l'art de bien parler et de bien écrire; la poésie, qui est l'art d'exprimer, dans le langage qui lui est propre, la nature et les relations des êtres, non telles que la science les détermine, mais telles que l'imagination se les représente; la musique, qui est l'art de traduire, par certains sons, toutes les émotions dont l'âme humaine est capable, dans ses rapports avec elle-même, avec l'humanité et avec Dieu; c'est la série des arts acoustiques, dont les œuvres tombent sous la perception de l'ouïe. De ces deux séries d'arts, la première justifie visiblement la thèse que nous soutenons, car l'architecture et la sculpture opèrent l'une et l'autre suivant les trois dimensions de l'étendue; et la peinture, qui opère seulement suivant deux de ces deux dimensions, supplée à la troisième par l'artifice de la perspective. Quant aux arts acoustiques, dont les définitions respectives ne satisfont pas expressément au principe en question, soumettons-les à un examen plus approfondi, pour en pénétrer la nature intime, pour en saisir le caractère commun, pour les ramener à une même formule qui les comprenne tous dans son énoncé, et ne soit elle-même que la traduction esthétique de la loi plus générale qu'il s'agit de vérifier.

Les arts acoustiques, comme je l'ai dit plus haut de tous les arts sans exception, se divisent chacun en deux parties distinctes : la première, essentiellement abstraite, qui consiste à établir, pour la grammaire esthétique, les conditions esthétiques d'une langue; pour la rhétorique, les qualités générales de toute œuvre littéraire, les principes de la composition, les règles de la diction; pour la poésie, les caractères spécifiques de l'œuvre poétique, les raisons primordiales des conventions prosodiques, les lois particulières de son style; pour la musique, les origines naturelles de cet art, l'explication rationnelle des lois de la mélodie et de l'harmonie, les principes de la composition musicale : la seconde, où l'on tente d'assigner les conditions plus spéciales, que requièrent, pour leur perfection respective, les divers genres afférents à ces mêmes arts, et qui sont, dans le domaine de la grammaire, les modes principaux qu'a pu affecter la langue esthétique, soit chez les anciens, dans les langues grecque et latine, soit chez les modernes, dans les principaux idiomes des nations civilisées; dans le domaine de la rhétorique, le genre didactique, le genre oratoire, le genre roman; dans le domaine de la poésie, encore le genre didactique, le genre épique, le genre dramatique, le genre lyrique; dans le domaine de la musique, le genre de la musique sacrée, le genre de la musique dramatique, le genre de la musique indépendante, que j'appelle de ce nom, soit parce que le compositeur interprète par les procédés de son art un chant inspiré par la fantaisie, soit parce qu'il travaille sur un thême qu'il a créé de toutes pièces. Conséquemment, la vérification de notre loi, au point de vue de la grammaire esthétique, de la rhétorique, de la poésie, de la musique, ne laissera rien à désirer en exactitude et en rigueur, si nous pouvons établir que chacun de ces arts y satisfait également, et dans la théorie abstraite qui en contient les règles les plus générales, et dans chacun des genres qui relèvent de sa juridiction.

Or, en premier lieu, les conditions esthétiques d'une langue sont : — 1° *Les conditions phonétiques*, comprenant tout ce qui, dans un idiome, concerne les sons élémentaires des mots, leurs radicaux et leurs désinences, la manière de les prononcer, la valeur longue ou brève que l'instinct ou l'usage attribuent à chacune de leurs syllabes, la position de l'accent tonique, et, parmi les anomalies de déclinaison ou de conjugaison, celles qui n'admettent d'autre explication que le besoin de l'euphonie. Car, dans les temps antiques, quel charme devaient emprunter de la seule mélodie de leur idiome, les poëtes, les orateurs, les historiens, les philosophes même, et, plus près de nous, chez les nations qui ont recueilli l'héritage de la Grèce et de Rome, le degré d'euphonie dont leur langue est susceptible, est-il sans contribuer, pour une certaine part, à la valeur absolue ou relative de leurs chefs-d'œuvre littéraires ? — 2° *Les conditions logiques*, dont nous offrent tant d'exemples toutes ces variations que subissent, dans leurs désinences, les substantifs et les verbes, selon la fonction qu'ils remplissent dans le discours, et régies toutes sans exception par cet axiome fondamental que les divers préceptes grammaticaux, relatifs à chaque espèce de vocables et en général aux relations syntaxiques des mots, doivent répondre, pour se trouver en parfait accord avec la raison, du côté de l'intelligence, à sa manière d'envisager les objets de la pensée, et du côté des objets mêmes, aux modes ou rapports naturels dont ils règlent l'expression parlée ou écrite. Car quel ordre introduit déjà, par elle seule, dans la structure de la phrase, cette logique interne, qui préside à l'économie de toute grammaire, modère les caprices de l'usage, si souvent rebelle à la règle, sans interdire l'exception que réclame plus d'une fois le libre jeu de la pensée, et rattache ainsi, par tant de liens, aux lois de la grammaire générale la langue de tous les peuples civilisés! — 3° *Les conditions métaphysiques*, qui ont déterminé l'usage de rapporter aux genres masculin ou féminin des mots désignant, par eux-mêmes, des objets dénués de sexe; de substantiver des mots affectés, par leur fonction, à dénommer de simples qualités ou à noter des universaux; d'appliquer le pronom de la troisième personne, et même le pronom réfléchi, à des êtres qui n'offrent aucune apparence de personnalité, et, en général, d'exprimer, par des vocables identiques ou par les mêmes formes syntaxiques, des êtres et des rapports absolument hétérogènes. Car, dans l'uniformité de syntaxe, pour exprimer des rapports souvent sans analogie rationnelle, qui simplifie la grammaire par l'institution de règles générales; dans l'identité de vocabulaire, pour désigner des êtres que ne rallie aucune similitude, qui permet d'incarner l'idée métaphysique dans l'intuition sensible, et, réciproquement, d'épurer l'intuition sensible par l'idée métaphysique; dans le procédé qui transfère à l'adjectif l'idée d'action, que comporte seule naturellement l'essence propre du verbe; dans la convention tacite ou expresse de prêter à des êtres idéaux une sorte d'existence substantielle, et à des objets brutes ou inanimés une personnalité et un sexe; en un mot, dans toutes ces licences du langage qu'on pratique dès l'enfance, sans en soupçonner seulement la hardiesse, qui n'entrevoit comme les premiers rudiments de l'art de bien dire, auquel la grammaire esthétique initie déjà la rhétorique? — Ces trois espèces de conditions, qu'établit et développe la grammaire esthétique, contribuent donc, sans nul doute, à la beauté du discours. Mais remontez, je vous prie, à leurs causes respectives : et quelle origine assignerez-vous aux conditions phonétiques, sinon notre propre sensibilité, qui, agissant ici sous la dépendance de l'ouïe, réclame dans les sons élémentaires des mots, et dans la succession de leurs syllabes intégrantes, certaines lois de consonnance ou de dissonnance, variables d'un peuple à l'autre, et souvent diverses chez un même peuple, dans les provinces dont le climat diffère notablement ? D'où trouverez-vous que procèdent les conditions logiques, sinon de l'essence de notre raison, qui impose aux langues, comme à toute espèce de langage, la loi d'exprimer, autant que faire se peut, et la nature des choses, et la manière dont l'esprit humain se les représente ? De quelle source ferez-vous dériver les conditions métaphysiques, sinon de l'imagination humaine, qui, pour la facilité du discours, et, par une assimilation verbale qu'elle étend parfois aux choses mêmes, considère comme homogènes les êtres et les rapports les plus dissemblables ? Les conditions esthétiques des langues, quelle qu'en soit la nature, traduisent ainsi les modalités propres de l'âme humaine, auxquelles tout langage tend de lui-même à s'accommoder : et, par cette raison, que confirmeraient au besoin des exemples sans nombre empruntés aux principaux idiomes anciens et modernes, je dirai de la grammaire esthétique qu'elle est l'art qui exprime l'*animisme philologique*.

La rhétorique, interprétée au même point de vue, se laisse ramener à une formule analogue. En effet, les qualités qu'on désire en général dans une œuvre littéraire, sont : — 1° D'intéresser par quelque côté la nature humaine : car si l'écrivain doit plaire en même temps qu'il instruit, quel plus sûr artifice pour nous charmer que de nous proposer la vérité, non-seulement selon ce qu'elle est, mais munie de tout ce qui peut lui donner avec nous-même comme un air de parenté? — 2° De ne pas viser à une trop haute généralité, et de procéder au contraire par ces détails, que la science élimine de ses théories, mais que l'art s'attache à recueillir; car le privilége de l'art n'est-il pas de restituer à la nature des choses cette complexité primitive, dont la dépouille forcément la généralisation scientifique, sauf à introduire, dans le tumulte des phénomènes, une harmonie dont il est proprement le créateur? — 3° D'être ordonnée dans son ensemble et dans ses parties : car la raison qui, dans tous ses jugements, obéit à la loi de la synthèse analytique, est, par essence, amie de l'ordre, et, où l'ordre fait défaut, elle prononce sans hésiter que l'art en est absent. — 4° D'être personnelle, c'est-à-dire de réfléchir le caractère de l'auteur, sa manière de sentir et de juger, en un mot, tout ce que Buffon donne à entendre par ce bel aphorisme, que le style c'est l'homme : car c'est en cela précisément que consiste l'originalité de l'écrivain, qui doit être partout dans son œuvre, sans se montrer nulle part. — De même, les principes de la composition sont : — 1° De définir avec précision le point de vue sous lequel on envisage le sujet. — 2° De dégager par la réflexion, ou de chercher par l'observation, tous les éléments qui s'y rapportent, afin de n'omettre rien d'essentiel, et de n'introduire aucun jugement qui ne corresponde à une vérité abstraite ou à un fait réel. — 3° De ne conserver de ces éléments que ceux qu'on ne saurait supprimer sans détriment pour la thèse à établir ou pour l'idée à développer. — 4° De ne rien négliger, suivant le principe général énoncé plus haut, de ce qui, dans les limites du sujet, concerne ou peut affecter, de quelque manière que ce soit, la nature humaine, afin de rendre le lecteur même solidaire de l'œuvre de l'auteur. — Enfin, les règles et conditions esthétiques de la diction sont pareillement : — 1° *Les conditions objectives,* toutes réductibles à ce principe que les éléments déterminés du discours, c'est-à-dire les phrases qui en forment le tissu, et les membres dont chacune se compose, doivent peindre, en action et par images, les circonstances diverses de l'objet sur lequel elles appellent successivement l'attention. — 2° *Les conditions logiques,* dont la première, et peut-être la seule, est que chaque phrase soit conséquente à celle qui la précède, et suscite naturellement celle qui la suit. — 3° *Les conditions cinématiques,* que j'appelle de ce nom parce qu'elles sont relatives au tour ou au mouvement qui convient à la phrase. — 4° *Les conditions grammaticales,* dont la nature et la nécessité sont évidentes d'elles-mêmes. — 5° *Les conditions mélodiques,* qui concernent la structure de la période, le nombre et la correspondance de ses membres, les consonnances et les dissonnances, soit des syllabes intégrantes des mots, soit des mots entre eux, etc., toutes choses auxquelles les rhéteurs anciens attachaient, non sans raison, tant d'importance, et que les grands écrivains se gardent bien de négliger. — Tous ces principes que je viens d'énumérer ne constituent encore que la partie abstraite de la rhétorique. Mais comme il n'en est pas un seul qui, en tout ou en partie, n'ait une origine psychologique; comme ils régissent évidemment, et sans exception, tous les genres littéraires; comme ils suffisent déjà, même dans les ouvrages du genre didactique, pour imprimer le caractère de l'animisme à l'expression des vérités les plus étrangères en apparence à la nature humaine; comme d'ailleurs les genres oratoire et roman ont l'un et l'autre pour objet constant l'humanité; et que, par conséquent, si on retranche d'un écrit tout ce qu'il doit aux modalités et aux conditions propres de l'âme humaine, on le réduit à néant, s'il appartient aux genres oratoire et roman, et s'il relève du genre didactique, à de simples éléments objectifs qui n'offrent plus aucun vestige de l'art de bien dire, je dirai hardiment de la rhétorique qu'elle est l'art qui exprime l'*animisme naturel*.

La poésie se distingue de la rhétorique par une différence essentielle; c'est qu'elle importe la fiction dans l'œuvre littéraire. Il est vrai que la rhétorique l'admet déjà dans le roman, qui nous propose des personnages et des aventures imaginaires. Mais d'abord, dans le domaine de cet art, la fiction est bornée à ce seul genre : car, dans le genre didactique, l'écrivain expose et soutient des vérités générales, et, dans le genre oratoire, l'orateur, ou plaide pour des intérêts privés ou publics, ou revendique les droits éternels de l'humanité, ou interprète les mystères et les préceptes de la religion. Dans la poésie, au contraire, la fiction envahit tous les genres sans exception : le genre didactique, où elle intervient comme un ornement nécessaire; les genres épique et dramatique, où, sauf les éléments qui proviennent de la tradition ou de l'histoire, tout est de l'invention du poëte, et la fable du poëme, et les héros qu'il met en scène; le genre lyrique, où l'imagination et la fantaisie se donnent carrière sous toutes les formes. De plus, dans le roman, ce qu'on cherche avant tout, c'est l'homme actuel, modifié par toutes les conditions auxquelles sa nature est soumise, avec ces traits distinctifs qu'il doit à l'époque où il est né, au pays où il vit, aux croyances et aux opinions qu'il a reçues ou qu'il s'est faites, aux passions qui le travaillent, au rang qu'il occupe dans la hiérarchie sociale, à la profession qu'il exerce, au commerce de ceux qu'il fréquente. Et quand le romancier nous transporte dans une société détruite ou lointaine, le triomphe ou l'écueil de son art est de lui conserver sa physionomie originale, telle que la tradition nous l'a transmise, ou telle que chacun pourrait la vérifier de ses propres yeux; au lieu que, dans un poëme, l'esprit accepte et réclame même le merveilleux, comme un artifice nécessaire au poëte, pour qu'il nous ravisse à la monotonie de l'existence quotidienne, et nous emporte avec lui dans un monde différent du nôtre. Mais ici encore, si l'on observe que le poëte ramène sans cesse son regard et sa pensée sur notre nature; que, dans le genre didactique, il vise à nous instruire autant que son sujet l'y autorise; que, dans le genre épique, il célèbre les événements et les dogmes qui ont décidé de la marche et du progrès de l'espèce humaine; que, dans le genre dramatique, il peint les luttes de l'homme contre l'homme, ou de l'homme contre lui-même; que, dans le genre lyrique, il chante les joies ou les douleurs de l'humanité, ses vives et soudaines émotions dans les accidents imprévus ou dans les moments critiques de son existence, ses doutes et ses défaillances devant le mystère de sa destinée, ou ses retours de confiance et d'espoir en un Dieu juste et bon; que, lorsqu'il paraît s'attacher de préférence à la nature extérieure, ou s'efforce de s'élever jusqu'à Dieu même, il n'envisage guère la nature et Dieu que dans leurs rapports avec l'homme; qu'il va souvent jusqu'à leur prêter nos sentiments, nos passions, nos idées, certes on reconnaîtra que je parle selon l'expérience, en disant de la poésie qu'elle est l'art qui exprime l'*animisme fictif*.

La musique commence où s'arrête la puissance de la poésie. La poésie, en effet, excelle à exprimer les témoignages extérieurs de la passion, et tout ce qui, dans le sentiment, peut se traduire par des images. Ainsi, pour peindre la tendresse maternelle d'Andromaque, Racine lui fait dire à Pyrrhus :

> Je passais jusqu'aux lieux où l'on garde mon fils,
> Puisqu'une fois le jour vous souffrez que je voie
> Le seul bien qui me reste et d'Hector et de Troie.
> J'allais, seigneur, pleurer un moment avec lui,
> Je ne l'ai point encore embrassé d'aujourd'hui.

Ou ailleurs, quand elle proteste à Hermione de son indifférence pour le fils d'Achille :

> Ma flamme par Hector fut jadis allumée,
> Avec lui dans la tombe elle s'est enfermée.

Et sans doute, par ce langage, Andromaque trahit l'affliction qu'elle ressent, comme mère de l'enfant qu'on lui a ravi, et comme veuve du héros qu'elle a perdu. Mais cette affliction si profonde, pour que j'en éprouve le contre-coup, il faut que je me figure la pauvre captive au pied des murs où l'on retient Astyanax, ou qu'avec le poëte, je compare son amour à une flamme qui désormais ne brûlera que dans un tombeau. La sensibilité ne s'éveille en moi qu'après que l'imagination l'a suscitée ; et, en général, dans le domaine de la poésie, ce n'est que par l'intermédiaire de l'image, c'est-à-dire au moyen de l'intuition dans l'espace, que l'âme communique avec l'âme, bien que toute âme soit, par essence, une force inétendue. Mais voici qui n'est guère moins grave. La douleur présente d'Andromaque est une émotion complexe, qui varie en énergie et en nuance, à chaque phrase, ou plutôt à chaque mot et à chaque syllabe qu'elle prononce ; et la poésie, avec tous ses artifices, est encore impuissante à saisir comme à reproduire toutes ces délicatesses de la passion. De là, par conséquent, nécessité d'un art qui, des circonstances diverses du sentiment, recueille celles que la poésie est contrainte de négliger, qui rende la pure essence de l'émotion par un procédé indépendant de l'intuition imaginative, et parvienne, dans un intervalle de temps presque indivisible, à en faire résonner l'écho multiple. Or l'homme peut produire à volonté, par les organes de la voix, ou par des instruments artificiels, certains sons déterminés, séparés mutuellement par des intervalles définis, et qui, combinés suivant certaines règles, se prêtent à la formation de véritables phrases, dont chacune traduira l'émotion actuelle de l'âme, avec les variations correspondantes qu'elle peut subir ; à peu près comme, dans le discours parlé ou écrit, chaque période traduit l'opération interne et synthétique qui l'a construite, avec les jugements et les intuitions qu'elle suppose. Le système des règles propres à ce nouveau langage constitue l'art musical, qui, au sommet des arts acoustiques, complète, par un mode qui lui manquait, le système général d'expression que l'âme humaine, mue par sa tendance naturelle à se manifester au dehors, s'est, par sa puissance créatrice, successivement façonné. Et comme le sentiment, dont la musique est le dialecte favori, est un acte exclusivement psychologique, et redevable, en quelque sorte, de toute sa réalité, à l'âme qui l'éprouve, je dirai de la musique qu'elle est l'art qui exprime l'*animisme subjectif*.

Ces formules diverses, dont chacune définit le rapport de l'art correspondant avec l'âme humaine, et, par l'âme humaine, avec la notion de force, mais que leur extrême généralité fait paraître un peu vagues, provoquent sans doute, de la part du lecteur, plus d'une objection contre leur exactitude. Et pourtant, quoi de plus facile que de discerner le fait général de l'animisme dans les divers arts où nous venons de le signaler, et dont chaque détail lui rend, pour ainsi dire, témoignage ? Cicéron, par exemple, pour caractériser les différents genres de diction, s'exprime comme il suit au troisième livre du *Traité de l'Orateur : Sed si habitum orationis etiam, et quasi colorem requiritis, est et plena quædam, sed tamen teres; et tenuis non sine nervis et viribus; et ea quæ particeps utriusque quâdam mediocritate laudatur. His tribus figuris insidere quidam venustatis, non fuco illitus, sed san-*

*guine diffusus debet color.* Ce passage, comme on voit, abonde en expressions métaphoriques, c'est-à-dire détournées de leur acception primitive : car les substantifs et les adjectifs, que Cicéron usurpe ici pour définir et distinguer, à son point de vue, les modes divers de la diction, désignent également, appliqués selon leur sens propre et originel, des objets et des qualités physiques. Voilà donc, pris sur le fait, le principe de l'identité de vocabulaire, pour désigner des objets hétérogènes, d'un usage perpétuel dans la langue littéraire, ou même dans la simple conversation, et qui, dans la grammaire esthétique, fait partie de cette espèce de conditions que j'ai qualifiées de métaphysiques. Mais lorsque le théoricien de l'éloquence attribue ainsi au discours oratoire une physionomie, de la couleur, des forces, des nerfs, de la plénitude, une beauté sans fard, qui est comme l'éclat de la chair vivifiée par le sang... en quoi consiste son artifice, sinon à faire passer dans le langage de simples analogies subjectives, dont l'unique artisan est sa propre imagination, et qui, suivant la seule interprétation rationnelle qu'elles puissent recevoir, lui sont évidemment inspirées par la tendance instinctive de l'esprit humain à réaliser l'animisme philologique? — Pareillement, à l'égard de la rhétorique, la seule littérature française nous offre, dans la série de nos prosateurs, tous les degrés de l'animisme naturel, depuis l'*Exposition du système du Monde*, où l'écrivain ne raconte que la nature des choses, jusqu'au *René* de Chateaubriand, où l'écrivain ne raconte que lui-même. Pour m'en tenir au premier de ces deux ouvrages, que je choisis de préférence, comme le moins favorable à ma thèse, s'il est en possession de quelque renommée littéraire, n'est-ce point parce que Laplace y envisage l'astronomie comme une grande expérience de l'esprit humain, et s'étudie à nous faire voir comment la pensée, de la nature selon l'apparence, s'élève à la nature selon ce qu'elle est; unit à l'observation qui constate et recueille les phénomènes, l'hypothèse rationnelle qui les interprète et les coordonne; et arrive enfin, de ce petit coin de l'univers où nous sommes confinés, à embrasser d'une seule vue les états passés et futurs du système du monde? — De même encore, dans le domaine de la poésie, quel parti Virgile n'a-t-il pas tiré de l'animisme fictif, lui qui n'appelle à son secours les traditions mythologiques que pour personnifier les agents physiques, auxquels la terre doit sa fécondité; qui regarde la terre elle-même comme la mère commune de tous les êtres qu'elle nourrit; qui feint, dans l'arbre sauvage, une âme capable de s'adoucir par la culture, et dans l'arbre greffé par la main de l'homme, la surprise de se voir paré d'un nouveau feuillage, et de porter des fruits autres que les siens; qui nous montre la corneille perverse appelant l'orage à pleine voix, le cheval impatient du repos et avide du combat, le taureau gémissant de l'ignominie de sa défaite ou de la mort de son frère; qui, devant les merveilles de la ruche, se demande si l'instinct de l'abeille n'est pas une parcelle de l'esprit divin; et qui nous donne de la lutte de l'homme contre la nature, pour lui arracher ses secrets et la soumettre à son empire, une si saisissante image dans le mythe d'Aristée! — Enfin, s'il n'était superflu de revenir sur l'origine et la fonction que j'assigne à la musique, et qui m'autorisent à regarder cet art comme l'organe de l'animisme subjectif, ne suffirait-il pas de comparer un air d'opéra à la page correspondante de la partition, pour reconnaître jusqu'à l'évidence qu'en général le musicien ne fait que noter et reproduire, parmi les variations du sentiment, celles qui résistent à tous les moyens et à tous les efforts de la poésie ? Et, pour le dire en passant, c'est par cette raison que, dans la musique dramatique, la médiocrité des vers est peut-être une condition de l'excellence de la mélodie : parce que la poésie et la musique ne peuvent traduire ensemble, chacune par les procédés qui lui sont propres, une phase identique de la passion, sans se trouver aussitôt en désaccord, et rompre, par un divorce inévitable, une corrélation, qui gît beaucoup moins dans leur affinité mutuelle que dans leur rapport commun à un même état de l'âme et à une même situation dramatique. Tant il est vrai que, dans l'art comme dans la science, les formules qui en expriment les véritables lois se soutiennent et triomphent jusque dans les plus minutieux détails !

On se demande naturellement si l'animisme, qui est le principe générateur de tous les arts acoustiques, inspire au même degré chacun des arts optiques. A cette question, pour peu qu'on y réfléchisse, il n'est guère possible de répondre autrement que par l'affirmative. On admire en effet dans Raphaël, et, en général, dans les grands peintres, non-seulement la correction du dessin, l'exactitude de la perspective, l'énergie du coloris, mais aussi, et peut-être plus encore, le don de l'expression, c'est-à-dire l'art de prêter à chaque personnage la physionomie, l'attitude, le mouvement qui, selon la nature et l'importance de son rôle, trahissent avec le plus de vérité ses pensées et ses sentiments, c'est-à-dire l'état de son âme. Et jusque dans la peinture de paysage, qui semble vouée à reproduire avec une scrupuleuse fidélité les beautés propres de la nature, si l'on tient compte de tout ce que l'artiste met de personnel dans cette imitation par le pinceau, qui ne doit jamais dégénérer en servilité; du sentiment qui le détermine dans le choix et l'ordonnance de son sujet, et qu'il vise à communiquer au spectateur; de la manière dont il modifie la lumière et les couleurs naturelles, uniquement parce qu'en cela, une similitude trop voisine de la réalité nous répugne et nous offense; de tout ce qu'il prête d'humain, à l'exemple du poëte, aux animaux qu'il figure sur la toile; de la part qu'il réserve à l'homme même, soigneux de nous le montrer en personne, au centre ou dans un coin du tableau, ou de le rappeler à notre esprit par quelque détail ménagé avec art; on conviendra qu'à tout prendre, le peintre de paysage obéit de son côté, comme le peintre d'histoire ou de genre, à la loi de l'animisme naturel ou fictif. Autant faut-il en dire de la sculpture, qui, dans une statue isolée ou dépendante d'un groupe, doit établir une corrélation visible, entre le jeu physiologique des divers organes et l'action déterminée que lui attribue le sculpteur; de telle sorte que le corps, par son attitude générale, par le concert des mouvements musculaires, par les saillies ou dépressions de sa surface, accuse toujours le sentiment ou l'intention de l'âme qui l'anime ou qui le meut. Quant à l'architecture, dont il est moins aisé de discerner et de définir la relation précise avec l'âme humaine, considérons, pour simplifier la difficulté, un seul élément architectural, par exemple, dans l'ordre dorique, la colonne qui le caractérise. Cette pièce ainsi détachée du tout dont elle dépend, offre à l'examen un fût et un chapiteau : un fût, qui est une espèce de tronc de cône à bases parallèles, et sillonné suivant les génératrices du solide, de cannelures longitudinales ; un chapiteau, qui lui-même se compose de trois éléments, à savoir, l'*abacus*, ou forte tablette, sur laquelle repose l'architrave correspondante de l'édifice, l'*échinus* ou quart de rond, à forme elliptique, et de même hauteur que l'abacus, enfin les *annelets* ou filets circulaires, au niveau de jonction du fût et du chapiteau. Un tel système, en architecture, satisfait, pour sa part, de l'aveu de tout le monde, aux conditions de la beauté. Or, parmi ces conditions, il en est deux qu'on ne saurait révoquer en doute. La première, c'est que la colonne dorique, lorsqu'elle est exempte de tout défaut, réalise dans le marbre dont elle est faite, avec une spontanéité apparente, comme si ses molécules intégrantes s'étaient disposées d'elles-mêmes suivant leur mode actuel d'équilibre, le plan de l'artiste qui l'a conçue. Car n'est-ce pas cette énergie intrinsèque de la matière qu'on entrevoit et qu'on admire, quand le regard se promène et s'arrête sur ces surfaces et ces lignes, qui s'infléchissent avec tant d'aisance ou ressortent avec tant de précision, sans qu'on y remarque ni roideur, ni mollesse, ni en général aucune anomalie par excès ou par défaut? La seconde, c'est que le génie qui l'a créée ou perfectionnée, s'est inspiré, pour en régler la forme et les proportions, autant de l'effet sensible qu'elle devait produire, que des principes scientifiques de son art. Car si la colonne dorique offre certains caractères rationnels, tels que la symétrie de ses éléments autour de son axe idéal, qui lui donne une si puissante unité; la différence de grandeur entre les deux bases du fût, qui est à l'avantage de l'inférieure, et rend plus sensible aux yeux la stabilité du support; la similitude des cannelures et l'identité de leur inclinaison sur chacune des bases du fût, par lesquelles on a pourvu à l'ornementation de la surface, sans déroger à la simplicité générale du système; comment s'expliquer, d'un autre côté, qu'entre la hauteur du fût et le diamètre de sa base, on ait établi tel rapport de préférence à tel autre qui en différerait très-peu; qu'on ait choisi pour l'échinus la forme elliptique, au lieu de la forme circulaire, que les Grecs n'adoptèrent jamais; qu'on ait fait l'abacus de même hauteur que l'échinus; sinon parce qu'au jugement de l'artiste, toute autre combinaison ne pouvait plaire au même degré à la vue et à l'imagination? Et comme il est permis évidemment d'appliquer à l'édifice en général ce que je dis ici de l'élément architectural en particulier; comme toutes les pièces qui le composent doivent conspirer et se correspondre, à l'instar des parties ou molécules de chaque pièce; comme le plan qui en règle l'économie doit satisfaire, avec la même rigueur, à certaines convenances subjectives, que l'art s'attache à deviner et qu'il ne saurait enfreindre impunément, bien qu'il éprouve d'ordinaire quelque embarras à les définir, il faut bien reconnaître qu'en architecture, ce qu'on appelle le beau n'est, au fond, qu'un équilibre d'éléments matériels, mais un équilibre dont la mécanique seule ne saurait assigner les conditions ; qui, par un miracle du génie, semble résulter du dynamisme propre de la matière ; qui fait que l'œuvre de l'art, suivant le mot de Michel-Ange, paraît une œuvre de la nature, et dont la loi régulatrice dépend des modalités propres de l'âme humaine. L'architecture à son tour se ramène ainsi naturellement, et sans qu'il soit nécessaire de recourir à aucune interprétation forcée et subtile, à la loi qui régit tous les autres arts : et, par une généralisation légitime de tout ce qui précède, nous pouvons dire de l'art en général, qu'il est le règne de l'animisme universel, que chaque art particulier réalise à sa manière, par les formes qui lui sont propres, et dont il est le créateur.

Les mêmes considérations qui expliquent et justifient nos formules nous suggèrent sur la nature du beau en général, ou plutôt, selon notre manière d'entendre la question, sur les conditions du beau communes à tous les beaux-arts, la seule réponse dont le problème nous semble susceptible. Comme il est aisé de s'en assurer, les notions de force et d'étendue, qui interviennent dans tous les arts sans exception, y remplissent une fonction, tantôt médiate et tantôt immédiate. Leur fonction, dans le domaine de chacun d'eux, est simplement médiate, lorsque les éléments qu'elles fournissent à l'artiste lui servent seulement, ou d'auxiliaires matériels, ou de moyens afférents aux conditions subjectives de son art, c'est-à-dire, qui répondent aux convenances propres de l'âme humaine. Ainsi, dans tous les arts acoustiques, on a besoin de mots ou de signes figurés, dont chacun est une véritable détermination de l'étendue, mais qui pourtant, au point de vue de l'art, ne jouent comme tels qu'un rôle tout à fait secondaire. Et de même en architecture, dans la statuaire, et en général dans la sculpture, quand l'artiste qui travaille la pierre ou le bois, opère d'après une idée dont son œuvre en tout ou en partie ne doit être que le symbole; ou dans la peinture, quand il prête aux images et aux scènes qu'il nous propose une lumière et un coloris de convention, dans ces divers cas, les conditions esthétiques auxquelles il se conforme ne peuvent s'interpréter et se justifier qu'au regard des exigences de l'imagination ou de la sensibilité humaines, et ainsi ne se rattachent à la notion de force que par une relation très-indirecte. Au contraire, dans la peinture, la physionomie respective des personnages, les linéaments qui en déterminent le corps et le visage, et les artifices d'ombre et de perspective qui leur donnent du relief et du lointain; dans la statuaire, la vitalité de l'œuvre, les apparences anatomiques, et ce qu'on appelle le modelé; dans l'architecture, cette spontanéité apparente des molécules matérielles qui doit transpirer de tout élément architectural, leur mode d'agrégation, et le plan général de l'édifice; dans la grammaire esthétique, la personnification des objets brutes ou inanimés; dans la rhétorique, les faits matériels qu'elle introduit dans le discours, les idées qu'elle développe, et les passions qu'elle met en jeu ou qu'elle excite ; dans la poésie, les faits analogues, et les images dont elle tire un si grand parti ; dans la musique, les traits et les nuances de sentiment qu'elle exprime par les sons ; tous ces éléments esthétiques, si nombreux et si divers, relèvent directement, ou du concept de force ou du concept d'étendue. Tous se laissent ramener sans difficulté à l'une ou à l'autre de ces deux origines, et même, non sans nous révéler la nature du rapport qui les unit, c'est-à-dire, la subordination essentielle de l'étendue à la force : la force étant le support de l'étendue, et l'étendue, le vêtement de la force. La force et l'étendue, dans leur corrélation mutuelle, se retrouvent donc dans toute œuvre d'art, comme des éléments nécessaires et constants, sans lesquels on ne saurait la concevoir. Mais, si elles s'unissent pour constituer les produits de l'art, leur union y est toujours soumise à certaines règles rigoureuses, bien que variables d'un art à l'autre, et qui doivent être considérées comme autant de formes singulières de la synthèse analytique ; puisque la fonction propre de chacune est précisément de déterminer et de soumettre à l'ordre les divers éléments dont toute œuvre d'art est le système. Conséquemment, dans les beaux-arts, le beau peut être défini une incarnation de la force dans l'étendue, sous la double condition de l'animisme tel que nous venons de l'expliquer, et de la synthèse analytique, telle que chaque art particulier la spécifie par les règles dont se compose sa propre théorie. Ce qui démontre en même temps cette belle proposition, que, malgré les différences spécifiques par lesquelles la science et l'art se distinguent mutuellement, toutefois les conditions primordiales de l'art sont au fond les mêmes que les conditions primordiales de la science.

L'éthique ou morale a pour objet de rechercher quelle est la fin idéale de l'humanité ; quelles règles elle doit suivre, pour y tendre et en approcher en cette vie, autant que le comporte notre faiblesse ; et à quelles conditions, dans notre impuissance radicale d'y atteindre, chacun de nous du moins peut arriver à un degré suffisant de moralité subjective. Voilà les trois questions que l'éthique doit traiter et résoudre selon l'ordre de leur énoncé. Car d'abord, à quelle autre science, dans le système général de nos connaissances, reviendrait la tâche de soulever et de discuter le problème de notre destinée ? Ensuite, sans une solution préalable de ce problème, comment assigner et définir les devoirs que doit remplir chacun de nous dans la pratique de la vie ? A moins qu'on ne réduise la morale à un simple recueil de maximes suggérées au genre humain, dans la suite des siècles, par les hommes à qui leur science ou leur vertu ont mérité son admiration ou sa confiance, popularisées et consacrées par un long usage, mais que chacun interprète un peu à sa manière, selon l'opinion du jour, la passion qui le presse, l'intérêt qui le guide, et auxquelles manque, en tout état de cause, cette coordination rationnelle qui est le caractère essentiel de la science. Enfin, la solution générale du problème de la destinée humaine, comme je le montre incontinent, étant moins un idéal de l'individu qu'un idéal de l'espèce, il importe de faire voir à quelles conditions l'homme le moins favorisé de la nature et de la fortune, et en général, quiconque est incapable de prétendre à un si haut degré de perfection, peut s'élever cependant, et presque sans sortir de son humilité naturelle ou sociale, à cet état sublime qu'on appelle la vertu : ce qui est précisément la troisième des questions qui constituent, selon nous, l'objet de la morale.

Or essayez seulement de dégager les solutions respectives de ces trois problèmes, et vous allez aboutir, au point de vue de la morale, à trois déterminations nouvelles de l'idée de force. En effet, l'âme est une force, et de plus, une force raisonnable et libre. De là, dans sa destinée, autant d'éléments divers, qu'on peut reconnaître de modes d'action, dans lesquels elle fait usage de sa raison et de son libre arbitre, ou ce qui revient au même, qu'on peut alléguer de sciences distinctes : puisque toute science doit être considérée comme corrélative à un mode spécial de l'activité humaine, qu'elle a pour objet propre d'étudier et de régler. Ainsi, feignez un état de la nature humaine, où l'homme serait en possession de toutes les méthodes générales que requiert la solution des problèmes mathématiques ; où, connaissant le nombre des forces cosmiques et leur mode respectif d'action, il pourrait ramener chaque question physique, dès qu'il en aurait recueilli toutes les données expérimentales, à un problème de mécanique ; où, dans chacun des trois règnes de la nature, il serait parvenu, après l'étude des formes extérieures des êtres, à faire la part exacte de toutes les causes dont elles dépendent ; où, à travers les phénomènes qui se développent sur le théâtre de l'étendue, et au-dessus de cette science où les sens importent de toute nécessité leurs conditions subjectives, il aurait discerné les causes absolues de l'existence, et démêlé les principes vraiment universels de la connaissance ; où il aurait acquis de son essence et de toutes ses propriétés spécifiques une conscience permanente ; où, dans les beaux-arts, création personnelle de son génie, il serait capable d'incarner ou de retrouver constamment son image; où il exercerait, sur ses passions sans cesse renaissantes mais toujours réprimées, un empire converti par l'habitude en une seconde nature; où il tiendrait sous sa main tous les agents naturels qui peuvent contribuer à l'entretien et aux douceurs de la vie; où son activité s'exercerait au dehors, libre de toute entrave tyrannique, sous un gouvernement qui tirerait toute sa force de la volonté et du concours de chaque citoyen; détaché néanmoins de cette vie d'un jour, où pour lui tout finit par la mort, et toujours prêt à la quitter, sans terreur et sans regret, pour cette cité de Dieu, qui seule lui ouvre ses portes, quand tout le reste, dans la nature, lui fait défaut: et vous aurez une idée de la fin de l'homme ici-bas. Mais si tel est l'idéal auquel nous appelle la raison, si notre fin véritable est d'aspirer sans cesse à une domination aussi entière que possible sur toutes les conditions personnelles et extérieures de l'exercice et du développement de nos facultés, notre devoir à tous sans distinction, notre devoir en général comme en chaque cas particulier, est évidemment de rechercher et de pratiquer tout ce qui peut accroître notre puissance ou celle de nos semblables, et au contraire, de nous abstenir soigneusement de toute action qui produirait l'effet inverse. Par exemple, dans la catégorie des devoirs individuels, la sobriété et la continence sont, pour chacun de nous, de devoir strict. Car la sensualité et la luxure affaiblissent le corps et énervent l'âme. Par la même raison, nous devons cultiver la science et l'art. Car quel plus noble usage de nos facultés, que d'exceller dans la science, dont la simple acquisition est déjà, par elle-même, un mode si sublime d'action, et qui seule peut nous ménager l'empire de la nature, ou dans l'art, qui, de son côté, suppose la science, et où se déploie, par surcroît, la puissance créatrice de l'âme humaine? Quant à l'idée de moralité, pour la rattacher à l'idée de force, il importe, avant tout, de distinguer entre une action conforme au devoir, et une action faite par devoir. Une action est conforme au devoir, quand elle est telle que la raison la prescrivait ; et elle est faite par devoir, quand son auteur l'a voulue et accomplie, sans autre motif que la prescription rationnelle. Dans le premier cas, l'action n'est bonne que pratiquement ; dans le dernier seul, elle est bonne moralement. Ainsi, l'homme qui, dans toute sa conduite, s'étudierait à ne consulter que la raison seule ; qui ne céderait à la passion, ou à l'intérêt, ou à l'opinion, que lorsqu'il les jugerait d'accord avec le devoir ; qui n'userait de son libre arbitre, que pour réprimer les suggestions de l'instinct, quand elles le poussent hors du droit chemin de la vertu, ou pour combattre au dehors, quoi qu'il en coûte et quoi qu'il arrive, tout ce qui s'élève contre la vérité et la justice ; celui-là n'aurait pas de supérieur parmi les héros de la vie morale. La moralité de nos actions consiste donc, par essence, dans le consentement libre et exclusif de la volonté au commandement de la raison ; comme le devoir en général, dans l'obligation de développer, par un exercice rationnel, toutes les puissances de notre être ; comme notre destinée, dans le système des fins qui correspondent aux divers modes d'action dont la nature humaine est capable.

L'économique est la science de la richesse, ou plutôt des conditions rationnelles suivant lesquelles la richesse se forme, s'échange, se mutualise [1], se distribue et se consomme. Cette science en effet, à l'instar de l'éthique dont nous venons de parler, et de la politique dont nous parlerons tout à l'heure, est moins la science de ce qui est, que la science de ce qui doit être, à moins que ce qui doit être, par une heureuse coïncidence, ne se trouve réalisé dans ce qui est. Car quel est le pays du monde, où l'état économique de la société soit tel précisément que la raison le réclame, et où l'économiste, pour constituer ou promouvoir la science de la richesse, n'ait qu'à reconnaître et à recueillir les faits mêmes qui se produisent à tout instant dans la vie commune? Ici évidemment, les phénomènes que fournit l'observation requièrent une discussion rationnelle, qui en définisse le véritable sens, qui en me-

---

[1] Je me sers de ce mot pour désigner les opérations de crédit.

sure la légitimité, qui élimine de la pratique tout abus né de l'ignorance et perpétué par la routine, et au contraire, convertisse en règle absolue tous les usages par lesquels l'instinct des peuples a devancé depuis longtemps les prescriptions de la science. Or, pour nous borner, à l'égard de la richesse, aux conditions rationnelles de sa production, dont la simple énumération suffit d'ailleurs à notre objet, la première, sans contredit, est la solidarité économique de tous les peuples. Deux caractères en effet, au point de vue de l'économique, distinguent les éléments naturels ou acquis de la richesse : leur hétérogénéité propre, et leur inégale répartition sur la surface du globe. D'une part, pour satisfaire les besoins si complexes, qui en lui naissent spontanément de l'organisation du corps, ou qu'il contracte par des habitudes volontaires, l'homme doit amener à soi les divers produits que la terre recèle ou met au jour, et que l'industrie recueille ou transforme. D'autre part, comme les mêmes éléments ne sont pas répandus partout dans la même proportion, et qu'en général chaque contrée offre à l'activité humaine des matériaux différents, qui varient avec sa position continentale ou maritime, avec les minéraux qu'elle contient, avec les plantes qu'elle produit, avec les animaux qu'elle peut nourrir, c'est une nécessité tout ensemble logique et pratique, que les peuples, par une convention tacite ou expresse, s'associent pour l'exploitation du globe, se distribuent, selon leurs convenances respectives, les industries qui peuvent contribuer à leur bien-être, et se considèrent comme autant de groupes solidaires d'un immense atelier, qui n'est autre que la terre entière. — La seconde est la division du travail entre les travailleurs d'une même nation. Car de la diversité des talents suit naturellement la variété des métiers, chaque travailleur remplissant mieux et plus vite la tâche qui convient à sa vocation, ou dont il s'acquitte chaque jour. — La troisième est l'aptitude physique, intellectuelle et morale des travailleurs, qu'il faut de plus supposer en nombre suffisant pour exécuter l'œuvre entreprise. — La quatrième est le concours de la science. Car toute industrie qui n'opère pas à la lumière de la science, ou qui n'est pas secondée, quand il y a lieu, par ces puissants auxiliaires qu'on appelle les machines, est, de l'aveu de tous, à l'état d'enfance. — La cinquième est l'indépendance personnelle des travailleurs. Car qui doute, à cette heure, que la révolution française n'ait contribué pour sa part aux progrès de l'industrie et à l'accroissement de la richesse sociale, par la suppression des corporations et des jurandes, qui gênaient les vocations et paralysaient l'essor du génie? — La sixième est la concurrence. Car la concurrence, dans la sphère de l'utile, comme l'émulation, dans la sphère de l'art, est un perpétuel effort de chaque producteur pour surpasser ses rivaux. — La septième enfin est l'appropriation autorisée et protégée par la loi des produits du travail. Car qui se résoudrait à travailler de toute son énergie, pour produire ce qu'on lui ravirait incontinent, et quel immense détriment subirait tout à coup la production, si des lois spoliatrices, sous couleur de concilier les intérêts de tous, armaient un gouvernement tyrannique du pouvoir de léser impunément l'intérêt de chacun?— Toutes conditions, dont le rapport avec les notions de force et d'étendue est de soi si manifeste, qu'en vérité, les y ramener par une réduction plus explicite, ce serait faire injure à l'intelligence du lecteur.

La politique est la science de l'organisation sociale. Mais il existe, ou on conçoit pour l'homme, deux sociétés distinctes : l'une, particulière aux individus qui composent une même nation; l'autre, qui embrasse tous les peuples sans distinction de nationalité, et dont chacun de nous est membre, par cela seul qu'il est homme. De là, dans la politique, deux divisions naturelles : la première, qui a pour objet l'organisation des sociétés particulières, et qui comprend les quatre questions suivantes : — 1° Quel est le principe fondamental de cette espèce de sociétés? — 2° Quels sont les droits de tout homme qui en fait partie? — 3° Quelle est, de toutes les formes de gouvernement que chacune peut adopter, celle qu'on doit regarder comme la plus conforme à la raison? — 4° Quelles sont les causes de leurs mutations intérieures, et par quels moyens leur ménager un progrès régulier, sans secousses ni révolutions violentes? — La seconde, qui soulève et discute pareillement, touchant la société générale du genre humain, ces quatre questions, analogues aux précédentes : — 1° Quel est le principe fondamental de la société générale du genre humain? — 2° Quels sont les droits des peuples qui la forment par leur concours? — 3° Quel est le meilleur mode de gouvernement qui lui convienne? — 4° Quelles sont les causes des rivalités et des guerres de peuple à peuple, et en général, des révolutions qui agitent l'Humanité, et comment pourvoir, sans tumulte ni effusion de sang, à la satisfaction des intérêts respectifs de chaque nation? — Deux séries de problèmes, auxquelles il est aisé de rattacher toutes les questions qui relèvent de la science politique.

Maintenant, quel est le principe primordial des sociétés humaines? Ce qui les fonde, en droit comme en fait, ce n'est pas précisément cette sympathie instinctive qui rapproche l'homme de ses semblables, et nous rend, à la longue, l'isolement si pénible. Car, dans le cours ordinaire de la vie, à notre sympathie pour quelques-uns s'associe le plus souvent une égale antipathie pour beaucoup d'autres. Ce n'est pas davantage l'intérêt personnel, que certains moralistes cependant, par une exagération peu flatteuse pour notre nature, regardent comme le mobile unique des déterminations humaines. Car si quelquefois un intérêt commun nous unit, plus fréquemment encore l'intérêt particulier nous divise. Ce n'est pas même l'accord des volontés individuelles; car un pacte volontaire ne pouvant évidemment engager que ses auteurs, et laissant à leur descendance la faculté de le maintenir ou de le rompre, l'ordre social reposerait sur une base bien fragile et bien précaire. Le vrai principe de cet ordre, c'est la raison départie à tout homme à sa venue en ce monde, qui nous rend capables de connaître et de comprendre les mêmes vérités scientifiques. Seulement, cette condition doit s'entendre des sciences de tout ordre, des sciences anthropologiques et métaphysiques, aussi bien que des sciences mathématiques et physiques. Car en dépit de l'unanimité la plus absolue sur tout ce qu'enseignent les géomètres et les physiciens, la discorde sociale renaîtrait à tout instant de la diversité et de la lutte des opinions sur la nature et la destinée de l'homme, sur la méthode à suivre dans la recherche de la vérité, sur les éléments et les conditions du beau, sur l'interprétation de la loi morale, sur le mode de formation et de distribution de la richesse, sur l'essence intime des êtres et la cause première de l'univers. — En second lieu, les droits de tout homme, dans la société particulière dont il est membre, sont : — 1° de disposer de sa personne, comme il l'entend, sous la réserve de n'enfreindre aucune des lois de l'État ; — 2° de n'être incorporé dans aucune caste, et de vivre sous le régime de l'égalité civile ; — 3° de se choisir, à ses risques et périls, la profession qui lui convient, sous la condition de n'exercer aucune industrie prohibée par la loi ; — 4° de jouir en maître des produits de son travail, et d'en faire tout usage qui n'est pas interdit par l'autorité légitime ; — 5° d'exprimer et de publier librement sa pensée, pourvu qu'il n'élude et ne viole sciemment aucune des prescriptions de la morale ; — 6° de se réunir avec ses semblables, et de délibérer avec eux sur les intérêts communs, sous la restriction expresse de ne rien machiner ni entreprendre contre la sécurité privée ou publique ; — 7° de s'associer à autrui, et de contracter toutes les obligations que la loi n'interdit pas ; — 8° d'intervenir pour sa part dans le gouvernement de la société, quand il a satisfait aux conditions prévues et définies par la loi ; — 9° de faire en général tout ce qui n'est pas défendu par la loi ; de n'être arrêté que dans les formes qu'elle a réglées ; et de n'être jugé que par les tribunaux qu'elle a établis. — En troisième lieu, touchant la forme du gouvernement, comme la fin naturelle de l'homme est l'action, c'est-à-dire ici-bas le travail, pour perfectionner sa nature intellectuelle et morale, et accroître son bien-être matériel, il en résulte que, dans toute société bien ordonnée, le peuple doit intervenir dans l'administration de l'État, non par une action directe, mais, selon la nature des fonctions à remplir, par un mandat permanent, ou par une délégation temporaire, qu'il retire ou renouvelle, à des intervalles déterminés par la loi : à moins que, par la plus inique violation de tous les droits sociaux, au profit de ceux qui exerceraient seuls la souveraineté, une classe entière d'hommes ne fût affectée, sous le nom d'esclaves, comme dans toutes les républiques de l'antiquité, au service et à l'entretien de castes privilégiées, en possession exclusive de dominer et de jouir. — En quatrième lieu, pour ce qui est des mutations sociales, quelles causes leur assigner, sinon : — 1° *Des causes psychologiques ;* car tout changement de quelque importance dans l'état d'une société procède, par une relation plus ou moins directe, de quelque opinion implicite ou expresse de ceux qui l'inspirent ou le dirigent, sur l'essence, les instincts, et les facultés de l'âme humaine. « L'homme est « né libre, et partout il est dans les fers, » s'écrie Jean-Jacques Rousseau, au début du *Contrat social*, ce premier manifeste de la démocratie moderne. Et un peu plus loin : « renoncer à sa liberté, c'est renoncer à sa « qualité d'homme, aux droits de l'Humanité, « même à ses devoirs. » Voilà donc la liberté sociale revendiquée au nom de la liberté naturelle, c'est-à-dire au nom d'un principe psychologique. — 2° *Des causes logiques;* car les vicissitudes sociales dépendent certainement des modifications qui s'opèrent dans les habitudes logiques des peuples. Quel historien de la civilisation moderne pourrait négliger ou méconnaître, sur les révolutions accomplies depuis deux siècles, l'influence de la méthode cartésienne, de cette méthode qui prescrit avant tout à l'esprit humain de ne céder qu'à l'évidence, et qui a suscité tout cet immense travail d'exégèse religieuse, devant lequel se recueillent aujourd'hui, et la conscience des peuples, et la politique des gouvernements? Comme aussi, quel plus puissant auxiliaire pour la vraie démocratie, et quel frein plus salutaire pour l'autorité publique, trop sou-

vent tentée d'abuser de sa puissance, que cet esprit d'examen et de discussion qui, chez les peuples policés, naît d'un commerce perpétuel avec la science, et censeur inexorable de tout ce qui choque le bon sens et la raison!
— 3° *Des causes esthétiques.* Telle est, selon Platon, l'influence des beaux-arts sur la prospérité des États, que, dans sa république idéale, il les soumet tous sans exception à la surveillance des magistrats. « Sera-ce donc assez
« pour nous, dit Socrate, de veiller sur les
« poëtes, et de les contraindre à nous offrir
« dans leurs vers un modèle de bonnes mœurs,
« ou à n'en point faire du tout? Ne faudra-t-il
« pas encore avoir l'œil sur tous les autres
« artistes, et les empêcher de nous donner,
« soit en peinture, soit en architecture, soit
« en quelque autre genre, des ouvrages qui
« n'aient ni grâce, ni correction, ni noblesse,
« ni convenances? Quant à ceux qui ne pour-
« ront faire autrement, ne leur défendrons-
« nous pas de travailler chez nous, dans la
« crainte que les gardiens de notre république,
« élevés au milieu de ces images vicieuses,

« comme dans de mauvais pâturages, et se
« nourrissant, pour ainsi dire, chaque jour
« de cette vue, n'en contractent à la fin quel-
« que grand vice dans l'âme sans s'en aperce-
« voir? Il nous faut donc chercher des artistes
« qui, par un certain talent naturel, puissent,
« pour ainsi dire, tracer la nature du beau et
« du gracieux, afin que nos jeunes gens, éle-
« vés comme dans un endroit sain, reçoivent
« des forces de toutes parts, puisque des ou-
« vrages beaux et honnêtes feront parvenir
« soit à leurs yeux, soit à leurs oreilles, quelque
« chose d'honnête, comme un vent agréable,
« qui souffle dans des endroits sains, apporte
« la santé; que dès l'enfance, tout les porte
« insensiblement à imiter, à aimer le beau, et
« à établir entre lui et eux un parfait accord. »
Et sans attribuer aux beaux-arts une action si
favorable à la moralité publique, serait-il permis de les exclure des conditions de l'ordre
social, eux dont le culte nous distrait si naturellement de passions moins nobles; qui appellent et rallient, du moins pour un moment,
autour d'un commun idéal, tant d'âmes divi-

sées sur tout le reste; qui, plus accessibles que la science pure à la plupart des hommes, peuvent seuls les dédommager et les consoler de leur infériorité naturelle et sociale, et par là seraient si efficaces pour calmer ou dériver l'ardeur révolutionnaire qui nous travaille?— 4° *Des causes morales.* Car au cœur de toute révolution gît toujours un principe moral, expression plus ou moins exacte de l'élément qui lui correspond dans la formule scientifique de la destinée humaine, et que les chefs de l'insurrection, par conviction ou par calcul, ne manquent jamais d'alléguer contre le gouvernement qu'ils attaquent, comme le motif obligatoire qui les fait agir.—5° *Des causes économiques.* Car toute dérogation partielle ou générale aux conditions rationnelles suivant lesquelles la richesse se forme, s'échange, se mutualise, se distribue et se consomme, prépare et provoquera tôt ou tard, dans la pratique, des réformes qui régleront les faits d'après les lois mêmes suggérées par la science. — 6° *Des causes politiques,* dont la nature et l'action, d'après ce qu'on a vu plus haut, sont évidentes d'elles-mêmes. — 7° *Des causes métaphysiques*, de toutes les plus profondes et peut-être les plus puissantes. Qu'on se rappelle seulement ces querelles religieuses, nées de dissentiments théoriques sur les dogmes du christianisme, qui, au seizième siècle, divisèrent les peuples et les rois, qui, au dix-septième, aboutirent à un changement si radical dans l'équilibre européen, et qui de nos jours encore compliquent, par de si graves difficultés, les embarras de la politique. L'homme d'ailleurs qui, dans la conduite ordinaire de la vie, est si enclin à rapporter tout à soi, et qui se ferait si volontiers le centre des desseins de la Providence, l'homme aime au contraire, dès qu'il s'envisage selon la raison, à rattacher les lois de son être aux lois qui règlent l'ordre universel, et ce besoin irrésistible de pénétrer le mystère de son origine et de son rôle dans l'univers est le premier mobile du progrès social. Car de quelque manière qu'il explique son existence, par l'action d'un Dieu infiniment sage et puissant, ou par le conflit d'éléments aveugles, il ne tarde pas à s'attribuer l'empire de la nature : dans la première hypothèse, parce qu'intelligent et libre, il se regarde comme l'image même de son auteur, et dans la seconde, parce qu'entre tant d'êtres qui s'ignorent eux et tout ce qui les entoure, il se voit le seul en possession du privilége de la pensée. — 8° *Des causes philologiques*. Car, par exemple, la diversité des langues entre les provinces d'un même empire, qui gêne constamment l'échange des sentiments et des idées, aggrave, sans nul doute, toute cause de dissension, comme leur identité, qui provoque les particuliers à un commerce continuel d'affections et d'intérêts, est déjà un gage de concorde dans le présent, ou de réconciliation dans l'avenir. Et au seul énoncé de toutes ces causes si nettement définies par l'objet des sciences correspondantes, comme par les principes formulés ci-dessus, qui ne reconnaît encore, dans toutes les solutions de la science politique, autant de cas particuliers de cette loi vérifiée d'ailleurs par tant d'exemples, et qui de chaque nouvelle épreuve ne cesse de recevoir une confirmation nouvelle?

La même conclusion s'applique en toute rigueur aux principes analogues qui règlent la société générale du genre humain, et aux causes des révolutions qu'elle peut subir. Qui ne voit en effet : — 1° que la raison et la science, capables, par elles seules, de rallier sous les mêmes institutions tous les habitants d'une même contrée, qui, vivant côte à côte ou face à face, luttent entre eux à tout instant pour des intérêts personnels, ne sauraient se trouver impuissantes pour associer en une même confédération tous les peuples civilisés, que l'indépendance propre dont ils jouissent et les distances mutuelles qui les séparent rendent encore plus susceptibles de s'élever au-dessus de mesquines rivalités, et de se ranger sincèrement sous des idées et des principes rationnels ; — 2° que le gouvernement par délégation qui, remettant à des hommes désignés par l'élection le pouvoir de faire les lois ou de prendre toutes les décisions qu'exige l'intérêt public, laisse disponibles pour les travaux de la science ou de l'industrie toutes les forces vives du citoyen, est, par la même raison, le meilleur que puisse adopter une confédération de peuples divers, et même le seul que le soin de leurs affaires intérieures et leur éloignement réciproque leur permettent de pratiquer; — 3° que les causes qui travaillent et transforment lentement ou tout à coup les sociétés particulières, agissent aussi de peuple à peuple, pour les diviser ou les rapprocher, mais toujours sous l'empire de certaines lois naturelles, qui, par leur généralité et leur puissance, triomphent avec le temps, des contrariétés de race, de climat, de génie, d'intérêts, et tendent précisément à convertir en société positive cette société virtuelle du genre humain, que révèle à tout observateur impartial l'identité psychologique et organique de notre nature sous toutes les latitudes? Quant aux droits respectifs de chaque peuple dans la confédération générale dont il doit faire partie, ils sont : — 1° de posséder tout le territoire compris dans les limites naturelles de la contrée qu'il habite ; — 2° d'établir chez soi, et de pratiquer avec une autonomie absolue la constitution que la science politique prescrit à toute société particulière ; — 3° de travailler à son développement intellectuel et moral, et d'exploiter tous les éléments de richesse matérielle dont il peut disposer par le bienfait de la nature, sans aucun obstacle artificiel de la part des autres nations, à moins qu'il n'en use de son côté contrairement au devoir de tout peuple confédéré ; — 4° d'être représenté dans toutes les assemblées où se discutent les intérêts internationaux et dans le gouvernement qui en exécute les décisions ; — 5° de former avec les autres peuples des associations particulières, sous les conditions réglées d'avance par les lois de la société générale ; — 6° d'être soutenu et protégé contre toute injuste agression, et de n'être lui-même attaqué et envahi que dans les cas prévus et définis par la loi commune. Et ici encore, comme le propre de tous ces droits est de supposer et de garantir l'indépendance et la liberté de chaque peuple, il est clair que les principes auxquels est soumise la société générale du genre humain procèdent, au point de vue métaphysique, de la même origine que les principes qui doivent régir toutes les sociétés particulières.

On voit par tous ces détails sur les questions économiques et politiques de quelle utilité est notre loi pour discerner, entre les solutions suggérées par l'expérience ou proposées par les penseurs, celles qui offrent déjà un caractère rationnel, et qu'à ce titre la science doit recueillir. Mais serions-nous privés, sur tous ces problèmes, de la lumière des vérités acquises et du contrôle de la pratique quotidienne, qu'il aurait suffi de notre théorie de la nature de l'âme, pour nous mettre sur la voie des vraies conditions de l'existence sociale. Pour nous encore une fois, l'âme est une force, et une force douée de raison et de libre arbitre. Dès lors la société humaine nous apparaît, non comme une simple collection d'unités homogènes, que le législateur soumet à une coordination extérieure et artificielle, mais comme une association spontanée de forces autonomes, entre lesquelles nul concert ne saurait s'établir ou se maintenir, si elles ne s'entendent mutuellement sur les lois régulatrices de leur action : ce qui revient à dire, comme on l'a vu plus haut, que la seule base vraiment solide et inébranlable des sociétés, c'est l'accord des intelligences sur les problèmes de tout ordre, et avant tout, sur ceux qui se rapportent directement à la nature humaine. De là encore, du dynamisme propre de l'âme dérivent tous les droits sociaux. Quel législateur digne de ce nom pourrait dénier à aucun homme le droit à l'indépendance individuelle, lorsque tout homme est, par essence, un agent moral, capable du gouvernement de lui-même ; le droit à l'égalité civile, lorsque cette aptitude à l'autonomie est innée à toutes les âmes ; le droit de suivre uniquement, dans le choix de sa profession, son instinct ou sa convenance, lorsque lui seul a conscience de ce qu'il peut, et qu'aucune force extérieure ne saurait le contraindre au travail, si ce n'est tout au plus au travail manuel, et encore sous la condition d'une servitude absolue ou partielle ; le droit de retenir et de posséder en propre les produits de son labeur, lorsqu'ils sont le fruit de ses efforts personnels ; le droit de propager au dehors les vérités dont il se croit en possession, lorsque cette raison dont il a usé pour les découvrir est l'attribut d'une force libre, qui naturellement communique à toutes ses facultés ce caractère originel; le droit de discuter et d'agir avec ses semblables pour une idée et un intérêt communs, lorsque cette société particulière procède du même principe que la société générale; le droit à une certaine part dans le gouvernement de l'État, lorsque l'autorité publique n'est qu'un pouvoir délégué par chaque citoyen, pour s'assurer à lui-même l'exercice légitime de ses facultés natives et acquises? Comment ne pas voir, qu'au regard de la raison et de la science tous les peuples de la terre sont les membres virtuels d'une vaste confédération, qui doit les comprendre tous indistinctement, lorsque, malgré quelques différences organiques dont la physiologie comparée peut à peine tenir compte, la force hyperorganique qui constitue l'âme humaine se retrouve, à toutes les latitudes et dans toutes les races, homogène et identique? Comment omettre, parmi les conditions essentielles de la richesse, ou la solidarité économique des peuples, lorsqu'elle est entre les nations confédérées ce qu'est la division du travail entre les individus d'une même nation ; ou la division même du travail, lorsque l'activité du travailleur, à la différence des forces brutes qui agissent par cela seul qu'elles sont, requiert un long exercice qui la dompte et la discipline par la science ou par l'art; ou la libre concurrence, lorsqu'on ne saurait l'entraver ou la supprimer, sans porter atteinte à la force productrice dans ce qu'elle a de plus intime, et circonscrire son action entre des limites arbitraires? Tous ces principes qui expriment et consacrent le dynamisme politique et économique sont autant de conséquences naturelles du dynamisme psychologique.

La philosophie première, comme nous l'avons dit en commençant, est la science des premiers principes, des premiers principes de la connaissance, et des premiers principes de l'être. Mais quels sont les premiers principes de la connaissance sinon, comme on vient de le voir, la force et l'étendue, en tant que concepts de l'intelligence humaine; et de même, quels sont les premiers principes de l'être, sinon encore la force et l'étendue, en tant qu'éléments constitutifs de la nature des choses? La philosophie première, ou la science des premiers principes, n'est donc proprement que la science de la force et de l'étendue envisagées tour à tour, dans l'ordre de la pensée et dans l'ordre de l'être, au point de vue logique et au point de vue ontologique, dans le monde de la science et dans le monde de la nature.

La grammaire générale, comme l'indique son nom, est la science des principes communs à toutes les langues, et traite, par conséquent, de l'origine et de la formation des mots, de leurs diverses espèces, de leurs modifications respectives selon la fonction qu'ils remplissent dans le discours, des règles fondamentales de toute syntaxe, et des raisons primordiales des exceptions que subissent ces mêmes règles dans les divers idiomes. Or, dès qu'on essaye de dégager les solutions les plus plausibles de ces questions, si intéressantes par elles-mêmes, et d'une si grande utilité pratique pour l'étude et l'enseignement des langues, on reconnaît bientôt : — 1° que les mots dont se compose le discours doivent leur origine à l'énergie expressive de l'âme, qui, agissant sur les organes de la voix, pour produire et associer les voyelles et les consonnes, forme ainsi, à l'aide de ces sons primitifs, toutes les synthèses phonétiques dont elle a besoin, pour traduire au dehors les synthèses logiques de la pensée; — 2° que les seuls éléments vraiment essentiels de toute proposition, auxquels tous les autres servent, pour ainsi dire, de supplément, sont le substantif et le verbe, qui désignent, l'un la cause et l'objet de l'action, et l'autre l'action même ; — 3.° que de toutes les distinctions de cas, de temps, de mode, qui constituent la déclinaison du substantif ou la conjugaison du verbe, il n'en est pas une seule dont la définition rationnelle n'implique une détermination spéciale du concept d'action; — 4° que par conséquent, toutes les règles de syntaxe générale, même celles qui concernent les vocables supplémentaires, doivent se rattacher et se rattachent en effet, par une connexion plus ou moins intime, à l'idée de force. Et par suite, on se trouve encore ramené, par les voies de la philologie, à cette loi universelle dont la grammaire générale achève enfin la vérification.

Ces notions primordiales d'étendue et de force, dont l'universalité scientifique est maintenant hors de doute, sont les véritables catégories de l'entendement humain. Car elles expriment, selon la définition ordinaire des catégories, les points de vue les plus généraux sous lesquels la pensée puisse envisager ses divers objets. La formule dont nous venons de démontrer l'exactitude répond donc évidemment au problème de la détermination des catégories de l'entendement, soulevé par Aristote dans l'antiquité grecque, repris par Kant au siècle dernier, et dont ces deux grands hommes ont laissé chacun une solution qu'il n'est pas sans utilité de comparer avec la nôtre.

Aristote, comme on sait, admet dix catégories, ou attributs généraux, que l'entendement peut affirmer d'un sujet donné, et dont voici l'énumération, dans l'ordre même suivant lequel il les énonce d'ordinaire :

1° L'être proprement dit,
2° La quantité,
3° La qualité,
4° La relation,
5° Le lieu,
6° Le temps,
7° La situation,
8° La possession,
9° L'action,
10° La passion.

La seule inspection de cette liste suggère tout d'abord une réflexion qui nous dispensera d'un plus ample examen. C'est que dans la science, ces dix catégories ne sont pas susceptibles d'une application immédiate, et que, pour en faire usage, la raison doit les ramener, au préalable, à d'autres moins rebelles ou plus fécondes, c'est-à-dire, précisément aux notions de force et d'étendue. Ainsi, la métaphysique, comme Aristote l'avait très bien compris, étudie l'être en tant qu'être : mais elle ne peut espérer aucun résultat définitif de ses recherches, si elle ne prend pour point de départ le dualisme expérimental de la force et de l'étendue, dont elle examine ensuite la valeur ontologique. La science mathématique traite de la quantité, du lieu, du temps, de la situation : mais demandez à ceux qui la cultivent, quelles quantités ils considèrent, sinon l'étendue, la force, et avec elles le nombre, qu'on ne peut concevoir selon sa vraie nature que par la division en parties égales de l'étendue ou de la force ; ce qu'ils entendent par lieux, sinon de certaines lignes, ou surfaces, c'est-à-dire encore des déterminations de l'étendue ; comment ils mesurent le temps, sinon, comme on l'a vu, à l'aide de mécanismes, dont la force et l'étendue fournissent les éléments essentiels ; par quel artifice ils assignent la situation d'un ou de plusieurs points, sinon au moyen de certaines longueurs géométriques, qu'ils appellent du nom de coordonnées. La physique et la chimie s'attachent à mettre en lumière les actions par lesquelles les corps se modifient mutuellement : mais toutes leurs tentatives, pour découvrir les lois de ces actions, supposent à la fois, et que certaines forces résident dans les corps, et que ces forces sont liées, par une relation naturelle, avec les distances auxquelles elles agissent, avec les mouvements qu'elles provoquent, avec les figures qu'elles déterminent. Enfin, toutes les sciences se servent, chacune à son point de vue, des concepts de qualité, de relation, de possession : mais dans chacune aussi, quelle que soit la nature propre de son objet, il s'agit toujours de qualités et de relations qu'on ne peut isoler de l'étendue ou de la force, de possession qu'on ne saurait définir que par l'une ou l'autre de ces deux idées. En un mot, le reproche qu'Aristote mérite ici à juste titre, c'est qu'on ne peut remonter des diverses théories scientifiques aux catégories qu'il propose, ou réciproquement, redescendre de ces mêmes catégories aux diverses théories scientifiques, sans faire subir à chacune de ces notions une transformation préliminaire, qui est une preuve irréfragable de l'insuffisance de sa doctrine.

La même objection s'élève contre les catégories kantiennes, dont voici la table, telle que Kant lui-même l'a dressée et insérée dans la Critique de la raison pure. Cette table comprend quatre groupes, qui correspondent respectivement aux catégories.

1.
DE QUANTITÉ.
Unité.
Pluralité.
Totalité.

2.
DE QUALITÉ.
Réalité.
Négation.
Limitation.

3.
DE RELATION.
Inhérence et permanence
(substance et accident).
Causalité et dépendance
(cause et effet).
Communauté
( réciprocité d'action
entre l'agent et le patient).

4.
DE MODALITÉ.
Possibilité. — Impossibilité.
Existence. — Non-existence.
Nécessité. — Contingence.

Ici encore, il est clair que les concepts d'unité, de pluralité, de totalité, n'interviennent, dans la science, qu'à titre de propriétés abstraites de l'étendue ou de la force; que de même, les idées de permanence substantielle, de causalité, de communauté ou action réciproque seraient absolument stériles pour le progrès de nos connaissances, si la raison ne les considérait comme de simples modes de la force; et qu'en général, de toutes les notions que Kant décore du nom de catégories, et qu'il regarde comme autant de conditions primordiales de la pensée, il n'en est aucune qui ne le cède sous ce rapport à celles que nous préférons, et qui sont, pour ainsi dire, les racines par lesquelles chaque science plonge dans les profondeurs de notre nature.

Au reste, l'origine de tous les défauts qu'on pourrait reprendre dans la solution de Kant comme dans celle d'Aristote, est que ces deux grands hommes, par une erreur qui leur est commune, ont méconnu le caractère essentiel des vraies catégories de l'entendement et le signe de leur légitimité, à savoir, que les sciences constituées en sont autant de spécifications distinctes. Cette règle, il est vrai, eût été elle-même insuffisante au temps d'Aristote, où les sciences, dans l'état où il les trouvait, ne pouvaient guère lui suggérer qu'un des deux éléments de la question. Mais elle aurait conduit sans nul doute au résultat désiré, à l'époque de Kant, après que la géométrie et la physique avaient pris un égal essor, et lorsque pour la première fois, dans la science de la nature, la loi newtonienne qui lie les attractions mutuelles des corps célestes aux distances qui les séparent, offrait une entière application du principe général, auquel est suspendue toute la connaissance humaine. Malheureusement, au lieu de tourner ses regards de ce côté, Kant crut devoir demander à la logique abstraite de l'école le fil conducteur dont il avait besoin pour se guider plus sûrement dans le labyrinthe de la pensée. De là, pour procéder à la détermination des catégories, cette méthode si artificielle, parce qu'il ne la tient pas de l'examen et de la comparaison des sciences, et ce fragile échafaudage de concepts vides et anharmoniques, devant lequel on s'écrie involontairement, qu'il a bâti Chalcédoine, en face du rivage de Byzance.

Maintenant que nous voilà en possession des premiers principes de la connaissance, venons à la question bien autrement difficile des premiers principes de l'être. Problème transcendant, que la raison humaine n'a jamais cessé, depuis plus de vingt-cinq siècles, de soulever et d'agiter, dans une égale impuissance, et de l'écarter comme insoluble, et d'y répondre par une solution rigoureuse.

Cette solution, que toute âme une fois touchée de la philosophie désire et poursuit avec tant d'ardeur, il semble qu'elle résulte immédiatement de notre loi objective de la connaissance. En effet, ces deux notions fondamentales de force et d'étendue, auxquelles se ramènent toutes les idées scientifiques, ne sont pas des concepts purement logiques, nés exclusivement de la spontanéité naturelle de l'esprit humain, et qu'il projette au dehors, sans autre garantie de leur valeur objective, qu'une tendance instinctive et irrésistible à se représenter et à concevoir sous ces deux conditions la nature des choses. Un procédé si constant et si uniforme est sans doute inhérent à l'essence même de notre raison. Mais, en fait, notre raison n'en use et ne s'y confie que sous le contrôle perpétuel de l'expérience. Ainsi, quand le minéralogiste définit la forme cristalline d'un minéral, ou en assigne la composition chimique, il opère, non sur une étendue idéale qu'il attribue à l'objet de son étude, mais sur une étendue sensible, qu'il perçoit actuellement par la vue et le toucher; non sur des forces hypothétiques, qu'il feint dans les corps par une sorte de nécessité subjective, mais sur des forces réelles, qui, si elles échappent à ses sens, les frappent cependant par des effets manifestes. Ou encore, quand le physicien étudie des figures ou des mouvements visibles, et remonte de ces phénomènes aux causes dynamiques qui les produisent, il procède, autant que possible, par l'observation immédiate, et ne recourt à la conjecture, que pour chercher aussitôt à la vérifier par l'intuition expérimentale. Or, si la science est ainsi la fidèle image de la nature, et si de plus tout jugement scientifique se résout en éléments relatifs à la notion d'étendue ou à la notion de force, n'est-on pas fondé à passer incontinent des conditions primordiales de la pensée aux conditions primordiales de l'être, et à conclure, de la force et de l'étendue, comme principes essentiels de la connaissance, à la force et à l'étendue, comme principes essentiels de la nature? Mais c'est ici qu'il importe de se tenir en garde contre l'illusion de l'*à priori*, et de ne pas trancher par un coup de logique une question si complexe, et qui réclame un examen spécial et approfondi des faits. Car on va voir que ce raisonnement si naturel et si plausible en apparence est, au contraire, de nature à nous engager dans la plus grave méprise.

Comparons en effet l'une à l'autre la force et l'étendue, que toutes les données scientifiques nous autorisent à regarder comme les seuls éléments essentiels des êtres, et nous verrons qu'elles s'opposent mutuellement par un antagonisme radical, qui ne permet pas d'attribuer aux notions correspondantes la même valeur objective, et frappe d'une incertitude provisoire toutes nos connaissances expérimentales, jusqu'à ce qu'on ait décidé, par un examen approfondi, laquelle des deux est purement subjective, et laquelle au contraire appartient réellement aux objets de l'expérience. D'ailleurs, on verra tout à l'heure qu'elles ne peuvent être également de simples apparences psychologiques, et qu'une des deux au moins doit être considérée comme l'élément substantiel de tout ce qui est, et, pour ainsi dire, comme l'étoffe dont est faite la nature des choses.

Le caractère propre de l'étendue, c'est de tomber sous l'imagination. Car toute figure idéale ou réelle, c'est-à-dire toute détermination abstraite ou concrète de l'étendue, fait image dans la pensée. La force au contraire, comme l'a très-bien dit Leibniz, se conçoit, mais ne s'imagine point. Ce n'est pas que les géomètres n'essayent aussi de la peindre aux yeux. Car ils représentent les forces par des lignes. Mais ce procédé ingénieux et fécond n'est qu'une simple convention dont le sens au reste n'échappe à personne. On ne peut comparer entre elles que des grandeurs homogènes. Seulement, il se peut fort bien que le rapport de deux grandeurs de même espèce soit égal au rapport de deux grandeurs d'une autre espèce. C'est ainsi que dans le cercle, le rapport de deux angles au centre est identique au rapport des arcs qui leur correspondent. Or voilà précisément ce qu'entendent les géomètres, lorsque dans les relations dynamiques qu'ils établissent, à des forces d'intensité égale ou différente ils substituent des lignes proportionnelles : assimilant de leur propre aveu, non les lignes aux forces mêmes, mais le rapport des lignes au rapport des forces. La force est si peu susceptible par elle-même de détermination dans l'espace, qu'on est contraint d'emprunter à l'étendue le symbole qui la figure. Pour représenter l'étendue à l'imagination, il suffit de la seule étendue qui fournit elle-même sa propre image ; tandis qu'au contraire, pour représenter la force, il est absolument besoin d'un autre élément que la force. Premier indice de l'opposition originelle qui les divise, non-seulement dans la nature des choses, mais jusque dans la sphère de la pensée pure !

Une seconde différence, c'est que l'étendue a trois dimensions, dont aucune ne convient à la force. Toute force, il est vrai, agit suivant une direction déterminée, laquelle se représente encore par une ligne. Mais les dimensions de l'étendue font partie de l'étendue, tandis que la direction de la force est absolument étrangère à l'essence de la force. Leur analogie sous ce rapport, qui est tout extérieure, ne fait que rendre plus frappante leur hétérogénéité intrinsèque.

Autre dissemblance non moins caractéristique que les deux premières. L'étendue est indéfiniment divisible, et la force au contraire est simple par essence. Il ne faut pas croire en effet que l'attribut de simplicité, inhérent à l'âme humaine, soit particulier aux forces conscientes. Toutes les forces sans distinction le possèdent également, et, sous ce point de vue, doivent être estimées homogènes. Car d'abord, que serait une force composée, sinon un système de forces simples? Dans cette hypothèse par conséquent, on accorderait implicitement le principe même qu'on refuse d'admettre expressément. Ensuite, comment concevoir une force divisible, sans lui attribuer le caractère de l'étendue? Nier la simplicité absolue de toute force, quels que soient ses caractères spécifiques, ce serait donc nier la distinction de l'étendue et de la force, c'est-à-dire l'évidence même. Au reste, cette simplicité naturelle de la force en général n'est point en désaccord avec le principe de la composition des forces, qui est un des fondements de la mécanique. Lorsque plusieurs forces agissent sur un mobile, chacune produit un certain effet, qui dépend de son point d'application, de sa direction, et de son intensité. Mais on conçoit sans peine, que les effets respectifs de ces forces ne pouvant aboutir qu'à un effet unique, toutes ces forces réunies pourraient être remplacées par une seule qui produirait cet effet unique sur le mobile. Or, comme cet effet dépend du point d'application, de la grandeur et de l'inclinaison relative des forces associées, on peut et on doit se demander quels seraient, d'après ces trois conditions, le point d'application, la grandeur et la direction de la force qui suffirait à les suppléer. C'est là le vrai sens du principe en question. Il signifie, non que l'on peut composer ou décomposer les forces, mais que plusieurs forces peuvent être remplacées par une force unique, déterminée quant à son point d'application, sa grandeur et sa direction, par le point d'application, la grandeur et la direction des forces primitives. Si le langage des géomètres sur ce point n'est pas d'une exactitude rigoureuse, du moins leurs idées sont-elles d'une justesse irréprochable.

Une différence encore plus profonde, qui dispenserait à elle seule d'en alléguer aucune autre, c'est l'inertie propre de l'étendue et l'activité essentielle de la force. Physiquement, l'étendue n'est point immobile. Car sans nul doute, de toutes les parties de la matière, il n'en est pas une seule qui subsiste dans un parfait repos, même pendant une durée inappréciable. Mais un fait tout aussi certain, c'est que les mouvements qu'elles exécutent, ont tous leur origine, non dans leur étendue propre, mais dans les forces, dont l'action les remue et les agite. Partout où un changement s'opère dans la figure des corps, nous supposons aussitôt qu'une force est intervenue, qui a dérangé l'ordre de leurs parties intégrantes, pour les amener, par une transition brusque ou graduelle, à un nouveau mode d'équilibre : jugeant ainsi, avec une conviction irrésistible, que l'immobilité absolue des êtres, si leur essence consistait dans l'étendue, serait la première loi de la nature. Au contraire, par une condition inverse, la force est toujours conçue comme sans cesse agissante, alors même qu'elle ne produirait aucun effet sensible, comme dans le cas de l'équilibre. Pour une force, cesser d'agir, ce serait cesser d'être : la durée de son existence n'étant que la continuité de son action.

De ce parallèle entre l'étendue et la force, il suit de toute nécessité, qu'elles ne peuvent être attribuées au même titre à un objet quelconque : c'est-à-dire, que si la force est une propriété absolue des êtres, indépendante de notre faculté de connaître, l'étendue, au contraire, n'en est qu'une propriété relative, dépendante de notre mode de perception. En effet, sans discuter encore la question à ce dernier point de vue, auquel nous reviendrons tout à l'heure, quelle union concevoir et admettre, dès à présent, entre deux éléments si évidemment hétérogènes! Car en premier lieu, si au concept de force ne correspond aucune image, c'est que la force est une grandeur sans figure. Quel sera donc son mode d'association avec l'étendue, qui est une grandeur figurée ? Sera-t-elle répandue sur toute sa surface, ou concentrée en un point unique, enveloppée ou enveloppante, juxtaposée ou à distance ? Question sans réponse, ni actuelle ni future, puisque des rapports de cette espèce ne conviennent qu'à des grandeurs douées également de caractères géométriques. — 2° La force n'ayant pas de dimensions, suivant quel sens sera-t-elle envisagée par rapport à l'étendue ? Dans le sens de la hauteur ou de la largeur, de l'avant ou de l'arrière, de la droite ou de la gauche ? De quelque manière qu'on l'entende, il faudra bien que la force, quoique inétendue en elle-même, pour s'accommoder à la nature et à la marche de l'étendue, chemine, en quelque sorte, suivant les trois dimensions qui la déterminent. — 3° Isolez par la pensée une particule matérielle de la masse où elle réside : cette particule étant divisible, elle contient plusieurs forces, et des forces simples, bien entendu, puisque la simplicité est de l'essence de toute force. Mais dans l'hypothèse où l'étendue est une propriété absolue de la matière, cette même molécule est susceptible d'une division indéfinie en parcelles toujours plus petites, qu'on doit alors considérer comme ses parties intégrantes. D'où cette conséquence contradictoire, qu'une même quantité de matière peut résulter tout ensemble, et d'un nombre fini d'éléments simples, et d'un nombre infini d'éléments composés. — 4° Quelle action s'exercera de la force active sur l'étendue inerte, ou réciproquement, de l'étendue inerte sur la force active ? Newton, pour expliquer le système du monde, a supposé que la masse du soleil attire vers son centre la masse des planètes. Mais cette action est réciproque, c'est-à-dire que la masse de chaque planète attire celle du soleil, comme la masse du soleil attire celle de chaque planète. Ici, au contraire, l'action aurait lieu sans réaction : puisque la propriété d'agir sans être agie est, par hypothèse, le privilége de la force, et la propriété d'être agie sans réagir, le caractère distinctif de l'étendue. Mystère incompréhensible, qu'on dirait emprunté aux vieilles cosmogonies, où le principe mâle et le principe femelle se rencontrent et s'unissent pour susciter et constituer la nature des choses!

La voilà donc dégagée et mise à nu, cette antinomie latente, qui gît au plus profond de la raison humaine, et qui, depuis la naissance de la philosophie, mine et dévore tous les systèmes métaphysiques. Ou le plus évident des axiomes, que les contradictoires ne peuvent coexister en un même sujet, est ici en défaut, ou on est contraint de reconnaître qu'au point de vue métaphysique, la force et l'étendue ne peuvent être attribuées l'une et l'autre aux objets de l'expérience avec une certitude égale et univoque : c'est-à-dire que si l'une d'elles, par exemple la force, est une propriété intrinsèque des êtres, indépendante par elle-même de notre faculté de connaître, l'étendue au contraire n'en est qu'une propriété apparente, purement relative au mode d'intuition de l'esprit humain, et qu'il réalise hors de soi, en tant qu'il entre en relation avec la nature extérieure. D'où cette conséquence immédiate, qu'en général, il n'est pas permis de conclure des premiers principes de la connaissance aux premiers principes de l'être ; que des deux notions primordiales de force et d'étendue, une au moins n'est qu'une simple forme subjective de la pensée ; et qu'enfin, la question de savoir, quel est l'élément substantiel de l'être, revient à décider, entre les concepts de force et d'étendue, quel est celui des deux qu'on doit tenir pour certain d'une certitude absolue.

Revenons donc à ces deux concepts, pour en discuter tour à tour la valeur objective. Et cette discussion, commençons-la par le concept de force.

Or, touchant ce concept, une réflexion vient tout d'abord à l'esprit. C'est que par rapport à l'âme humaine, il possède sans nul doute une certitude absolue. Car quelle propriété de l'âme ne se révèle au sens intime par un mode spécial d'action? On a vu plus haut quel travail psychologique exige en général l'acquisition de la science. Inutile par conséquent de revenir, à l'égard de la faculté de penser, sur cette démonstration expérimentale, à laquelle je ne crois pas qu'on puisse opposer aucune objection de quelque valeur. Mais comme, en un tel sujet, c'est toujours trop peu de n'avoir qu'une fois raison, voici encore quelques observations qui achèveront de mettre en lumière ce dynamisme essentiel de l'âme humaine.

Il s'en faut bien, en effet, que l'activité propre de l'âme se manifeste uniquement par l'exercice de la pensée. On peut même dire que, dans l'état actuel de l'humanité, ce mode n'est ni le plus ordinaire, ni le plus énergique. Sans doute il n'est pas un seul homme, si son intelligence n'est absolument entravée par l'anomalie ou la paralysie du cerveau, qui n'exerce à quelque degré la faculté de connaître et de comprendre. Toutefois, dans cette ignorance scientifique où vit encore l'immense majorité du peuple, même chez les nations les plus cultivées, combien peu soupçonnent cette énergie naturelle de la pensée, que l'éducation stimule, que l'habitude développe, et dont l'usage rationnel est peut-être pour l'homme instruit le plus impérieux de ses besoins ! Mais il est un autre mode d'activité psychologique, familier à tous les hommes sans distinction, à l'ignorant comme au savant, au paysan comme à l'habitant des villes, au barbare comme à l'homme civilisé. Je veux parler de la passion, qui diffère d'un individu à l'autre, selon le climat, le tempérament, l'âge, les croyances, les aptitudes naturelles ou acquises, la condition sociale, mais qui agit dans toutes les âmes avec plus ou moins d'intensité. Bien plus, il n'est guère d'homme, en qui on ne puisse discerner une passion dominante, qui intervient pour une grande part dans le plus grand nombre de ses décisions, et qui lui inspire tantôt l'art d'en dissimuler l'objet, tantôt la patience nécessaire pour écarter les obstacles qui l'en séparent, et enfin, au moment critique, une audace parfois extraordinaire pour y atteindre. Mais dans toutes ces phases et ces vicissitudes de la passion, quoi de plus constant et de plus manifeste que son caractère dynamique ? Cela est si vrai, que, lorsqu'un homme, au fort de l'amour ou de la haine, a commis un acte répréhensible, on ne manque jamais, pour excuser sa faute ou son crime, d'alléguer en sa faveur la violence de la passion, qui l'a entraîné, comme une force étrangère, à cette action qu'il regrette maintenant, depuis qu'il a repris la possession de soi. D'ailleurs, la passion n'est pas un fait primitif, qui soit à lui-même sa propre cause, mais un phénomène dérivé, qui procède d'un principe plus général, c'est-à-dire d'un instinct correspondant, dont elle n'est qu'une détermination spéciale, ou de plusieurs instincts à la fois, dont elle est alors la résultante. Or, comme tout instinct n'est que l'activité même de l'âme, en tant qu'elle aspire spontanément à une certaine fin, on voit que, dans la passion, l'âme est aussi réellement active que dans ses efforts pour acquérir la science, bien qu'à la vérité d'une autre manière, et pour un autre but. Seulement, comme l'instinct s'éveille de lui-même par la seule présence de son objet, et aspire aussitôt à s'unir à lui, que la raison en autorise ou en interdise la possession, en général, l'âme qui cède à son impulsion est, pour ainsi dire, esclave. En ce sens, il est permis de dire qu'elle pâtit, pourvu que, par ce terme de pâtir, on désigne, non un état psychologique où elle aurait cessé d'agir, mais un état moral où elle a cessé de gouverner son activité.

Si la passion est un phénomène dynamique, comment contester le même caractère au libre arbitre qui la combat? Les forces brutes et inconscientes agissent sans cesse, et en général, chacune suivant un mode invariable, et avec une intensité constante, du moins dans les mêmes circonstances : toutes, dans une incapacité radicale, pendant qu'elles exercent leur action, d'en changer, si peu que ce soit, la direction, d'en modérer l'énergie, et de se modifier elles-mêmes. L'âme au contraire jouit à tout instant de ce privilége. A tout instant, elle peut se détourner de l'objet qui l'occupe actuellement, pour diriger et concentrer sa pensée sur un autre objet, s'y appliquer avec une attention plus ou moins exclusive, et enfin, obéir ou résister, soit aux conseils de la raison, soit aux suggestions de l'instinct. Cette faculté est proprement la volonté ou le libre arbitre : puissance singulière, sans analogie avec aucune autre dans la nature, dont nous ne saurions conséquemment acquérir l'idée par induction ou par conjecture, si elle ne nous était attestée par le témoignage immédiat de la conscience, et que les plus sagaces observateurs de la nature humaine, dans l'antiquité comme dans les temps modernes, ont presque toujours méconnue et mal définie. Leibniz, par exemple, dit [1] que la liberté « consiste « dans l'intelligence, qui enveloppe une con- « naissance distincte de l'objet de la délibéra- « tion ; dans la spontanéité, avec laquelle nous « nous déterminons ; et dans la contingence, « c'est-à-dire dans l'exclusion de la nécessité « logique ou métaphysique. » Mais qui ne voit que les trois conditions assignées par ce grand métaphysicien à la liberté humaine pourraient être satisfaites simultanément, sans que pour cela les actions de l'âme dussent être réputées

---

[1] Théod. Part. III.

des actions libres? Car, par exemple, le désir actuel que je ressens d'aller à l'Opéra, est un acte psychologique, dont le principe est mon âme même, dont je connais parfaitement l'objet, dont la satisfaction n'est nullement nécessaire, au moins de cette nécessité logique qui lie aux prémisses d'un syllogisme la conclusion qu'elles entraînent, et pourtant nul ne soutiendrait que ce désir est vraiment libre. C'est qu'en effet le libre arbitre requiert encore une dernière condition, oubliée ou supprimée par Leibniz, à savoir, de la part de l'âme, l'initiative de l'action, bien différente de la simple spontanéité qui appartient à toute force en général, et par laquelle tout homme, s'il le veut fermement, peut toujours prendre le gouvernement de lui-même, se montrer dans l'occasion maître de soi, et s'élever ainsi, par une libre résolution, au plus haut degré du dynamisme psychologique.

Parlerai-je des habitudes que nous sommes capables de contracter, et où se trahit, pour ainsi dire, en plus forte proportion, l'énergie propre de l'âme? L'habitude en général requiert quatre conditions distinctes. La première est une connaissance aussi exacte que possible des règles à suivre pour l'acquérir. Car évidemment, on arrive plus vite à faire avec facilité et précision ce dont on connaît d'avance la théorie et les règles. La seconde est une certaine aptitude relativement à l'objet spécial qu'on se propose. Car, toutes choses égales d'ailleurs, il est clair que de deux hommes qui s'appliquent à un même exercice, celui-là y excellera le premier, qui s'y détermine par une vocation plus décidée. La troisième est la passion, ou autrement, le goût qu'on apporte à la chose dont on s'occupe, qui n'est pas toujours en raison de la capacité native, qui plus d'une fois fait défaut chez les hommes les mieux doués, et qu'on observe au contraire très-souvent chez les natures les plus rebelles. La quatrième enfin est la répétition fréquente des mêmes actes, sans laquelle l'habitude ne saurait devenir une disposition constante, ou, selon la belle définition d'Aristote, une seconde nature. Or, pour nous attacher exclusivement à cette dernière condition, quelle persévérance de volonté cette répétition d'actes similaires, bientôt si fastidieuse, n'exige-t-elle pas de tout homme qui vise, dans la science ou dans l'art qu'il cultive, à un certain degré de supériorité! Que de temps et d'efforts il faut à l'homme le plus heureusement né, et qui vit dans le milieu le plus favorable, pour devenir, ou un mathématicien consommé, ou un musicien habile, ou un orateur disert et éloquent! Et pour descendre à ces exercices purement corporels, tels que la gymnastique, le maniement des armes, l'équitation, qui ne sait tout ce qu'ils réclament d'attention et de ténacité de quiconque prétend à ce genre de distinction, trop longtemps dédaigné dans notre éducation moderne, et que les historiens de l'antiquité aiment à signaler et à louer dans les grands hommes de la Grèce et de Rome?

Enfin, je citerai encore un phénomène assurément bien familier à chacun de nous, mais non moins digne d'attention, et d'une extrême importance au point de vue qui nous occupe, parce qu'il révèle une analogie plus intime qu'on ne pense entre l'âme humaine et les autres causes naturelles. C'est le phénomène de la locomotion partielle ou totale. Dans la locomotion, l'action de l'âme sur le corps n'est pas une action directe. Car le corps ne se déplace, et son centre de gravité ne se transporte d'un lieu en un autre, que si les muscles affectés à cet office possèdent le degré de vigueur requise pour déterminer le jeu des os auxquels ils adhèrent; condition indispensable, mais dont il serait difficile ou plutôt impossible de comprendre la nécessité, si l'âme était capable, par sa propre force, de vaincre le poids des organes, et de produire ainsi le mouvement du corps dans l'espace. Bien plus, comme la physiologie nous l'apprend, les muscles eux-mêmes n'agissent que sous l'influence des nerfs qui, pour remplir leur fonction propre, doivent à leur tour se trouver en relation actuelle avec les centres nerveux où ils prennent leur origine. Quand donc je lève le bras pour saisir un objet, ou la jambe pour marcher, l'action de l'âme sur chacun de ces organes suppose le concours au moins de deux espèces de forces intermédiaires, à savoir, les forces propres aux nerfs moteurs, et les forces propres aux muscles qui les reçoivent. Mais si, dans l'un et l'autre cas, l'âme n'est pas la cause immédiate du mouvement, elle en est certainement la cause première. Car c'est un fait, que mon bras et ma jambe ne se meuvent qu'au commandement de ma volonté, c'est-à-dire par une action spéciale de mon âme sur les centres nerveux actuellement en exercice. Conséquemment l'âme humaine, à l'instar de toutes les autres forces cosmiques, se manifeste ici comme cause de mouvement dans l'espace, et le phénomène de la locomotion volontaire serait-il le seul par lequel elle nous révélerait son existence que, selon la définition de la force adoptée en mécanique, on ne pourrait encore lui refuser le titre de force.

Ce dynamisme constant de l'âme humaine est un fait si supérieur à tous les systèmes, que les penseurs mêmes dont il infirme et menace le plus ouvertement la doctrine générale, le confessent cependant par un aveu plus ou moins explicite. Par exemple, s'il est un philosophe indifférent ou hostile à l'idée de force,

c'est à coup sûr notre Descartes. Car cette idée, il l'exclut à la fois, et de la nature de l'âme qui, selon lui, gît uniquement dans la pensée, et de la nature corporelle, qu'il fait consister uniquement dans l'étendue. Eh! bien, lisez cette page, que j'extrais, non des *Méditations*, où en effet il définit l'âme par la pensée, et la substance des corps par l'étendue, ou du traité plus général des *Principes de la philosophie*, dans lequel il reprend sans les amender, et développe avec une sécurité absolue ces deux définitions fondamentales, mais des *Règles pour la direction de l'esprit*, ouvrage posthume, entrepris, selon toute probabilité, pour suppléer à l'insuffisance manifeste du discours de la Méthode, mais interrompu par une mort prématurée, et où ce grand esprit nous aurait peut-être donné le spectacle unique, dans l'histoire de la pensée humaine, d'un réformateur qui se réforme soi-même. « Il faut concevoir, dit-il,
« que cette force par laquelle nous connaissons
« proprement les objets est purement spiri-
« tuelle, et n'est pas moins distincte du corps
« tout entier, que ne l'est le sang des os et la

« main de l'œil ; qu'elle est une et identique,
« soit qu'avec l'imagination elle reçoive les
« figures que lui envoie le sens commun, soit
« qu'elle s'applique à celles que la mémoire
« garde en dépôt, soit qu'elle en forme de nou-
« velles, lesquelles s'emparent tellement de l'i-
« magination qu'elle ne peut suffire à recevoir
« en même temps les idées que lui apporte le
« sens commun, ou à les transmettre à la force
« motrice, selon le mode de dispensation qui
« lui convient. Dans tous ces cas, la force qui
« connaît est tantôt passive et tantôt active ;
« elle imite tantôt le cachet, tantôt la cire ;
« comparaison qu'il ne faut prendre cepen-
« dant que comme une simple analogie ; car,
« parmi les objets matériels, il n'existe rien
« qui lui ressemble. C'est toujours une seule et
« même force qui, s'appliquant avec l'imagi-
« nation au sens commun, est dite voir, tou-
« cher, etc. ; à l'imagination, en tant qu'elle
« revêt des formes diverses, est dite se souve-
« nir ; à l'imagination qui crée des formes
« nouvelles, est dite imaginer ou concevoir ;
« qui enfin, lorsqu'elle agit seule, est dite com-

« prendre, ce que nous expliquerons plus lon-
« guement en son lieu. Aussi reçoit-elle, à rai-
« son de ces diverses facultés, les noms divers
« d'intelligence pure, d'imagination, de mé-
« moire, de sensibilité. Elle s'appelle propre-
« ment esprit, lorsqu'elle forme dans l'imagi-
« nation de nouvelles idées, ou lorsqu'elle
« s'applique à celles qui sont déjà formées, et
« que nous la considérons comme la cause de
« ces différentes opérations. » De ce texte si
précis, il ressort évidemment que Descartes,
par le progrès naturel de sa pensée, en était
venu à reconnaître que le sujet pensant est une
force ; qu'à ce nouveau point de vue, non-seulement l'imagination, la mémoire, la sensibilité
ne lui paraissent que de simples puissances de
cette force, mais qu'il en est de même de la
pensée pure, qui dès lors cesse de constituer
exclusivement la substance de l'âme ; et qu'enfin, la force pensante, outre qu'elle est le principe de ses idées, c'est-à-dire le sujet où elles
naissent, est de plus la cause même qui les
produit. Certes, il y a loin de cette première
intuition du dynamisme, qui, d'ailleurs, ne

dépasse pas les limites de la conscience, à ce dynamisme universel conçu et inauguré par Leibniz, dont le premier principe est dans tout être, âme ou corps, l'identité absolue de la substance et de la force. Toutefois, le texte qu'on vient de lire atteste que Descartes, au déclin de la vie mais non du génie, avait entrevu cette grande lumière.

Un homme que Descartes a suscité, mais qui est le chef d'une école adverse à l'école cartésienne, l'auteur de l'*Essai philosophique concernant l'entendement humain*, nous vient aussi en aide à sa manière. « Une chose, dit Locke,
« une chose qui du moins est évidente, à mon
« avis, c'est que nous trouvons en nous-mêmes
« la puissance de commencer ou de ne pas
« commencer, de continuer ou de terminer
« plusieurs actions de notre esprit et plusieurs
« mouvements de notre corps, et cela simple-
« ment par une pensée ou un choix de notre
« esprit, qui détermine et commande, pour
« ainsi dire, que telle ou telle action particu-
« lière soit faite ou ne soit pas faite [1]. » Ainsi

---

[1] *Essai philosoph.* concern. l'entend hum., liv. II, ch. XXI.

Locke reconnaît sans hésiter à l'âme humaine le plus éminent sans contredit de tous les attributs dynamiques, le pouvoir d'agir par sa propre initiative. Mais il fait plus que de nous donner gain de cause sur ce point particulier. Comme s'il voyait déjà dans toutes les facultés de l'âme autant de puissances d'une force correspondante, et, dans tous les phénomènes de conscience, autant d'actes de cette force, il se demande si la pensée qui, selon Descartes et ses disciples, est proprement l'âme même, ne serait pas plutôt un simple mode de son action. « Mais peut-être m'accusera-t-on,
« si je fais ici, en passant, quelque réflexion
« sur le différent état où se trouve notre âme
« lorsqu'elle pense. Qu'un homme éveillé ait
« toujours des idées présentes à l'esprit, quelles
« qu'elles soient, c'est de quoi chacun est con-
« vaincu par sa propre expérience, quoique
« l'esprit les contemple avec différents degrés
« d'attention. En effet, l'esprit s'attache quel-
« quefois à considérer certains objets avec une
« si grande application, qu'il en examine les
« idées de tous côtés, en remarque les rapports

« et les circonstances, et en observe chaque
« partie si exactement, et avec une telle con-
« tention, qu'il écarte toute autre pensée, et
« ne prend aucune connaissance des impres-
« sions ordinaires qui se font alors sur les
« sens, et qui, dans d'autres temps, lui
« auraient communiqué des perceptions extrê-
« mement sensibles. Dans d'autres occasions,
« il observe la suite des idées qui se succèdent
« dans son entendement, sans s'attacher parti-
« culièrement à aucune, et dans d'autres ren-
« contres, il les laisse passer, sans presque je-
« ter la vue dessus, comme autant de vaines
« ombres qui ne font aucune impression sur
« lui. Allez un peu plus avant, et vous trouve-
« rez l'âme dans le sommeil, éloignée, pour
« ainsi dire, de toute sensation, et à l'abri des
« mouvements qui se font sur les organes des
« sens, et qui lui causent dans d'autres temps
« des idées si vives et si sensibles... c'est, je
« crois, ce que presque tous les hommes
« ont éprouvé en eux-mêmes ; de sorte que
« leurs propres observations les conduisent
« sans peine jusque-là. Il me reste à tirer de

« là une conséquence qui me paraît assez impor-
« tante ; car, puisque l'âme peut sensiblement
« se faire différents degrés de pensée en divers
« temps, et quelquefois se détendre, pour ainsi
« dire, même dans un homme éveillé, à un tel
« point qu'elle n'ait que des pensées faibles et
« obscures, qui ne sont pas fort éloignées de
« n'être rien du tout; et qu'enfin, dans le té-
« nébreux recueillement d'un profond som-
« meil, elle perd entièrement de vue toute
« sorte d'idées, quelles qu'elles soient; puis,
« dis-je, que tout cela est évidemment confirmé
« par une constante expérience, je demande
« s'il n'est pas fort probable que la pensée est
« l'action, et non l'essence de l'âme, par la
« raison que les opérations des agents sont
« capables du plus et du moins, mais qu'on ne
« peut concevoir que les essences des choses
« sont sujettes à une telle variation : ce qui
« soit dit en passant[1]. » Or, en vérité, si,
comme Locke nous en avertit tout le premier,
la pensée est, non la substance, mais l'action

---

[1] *Essai*, liv. II, chap. XIX.

de l'âme, et si, d'un autre côté, cette même âme peut exercer ou suspendre son action, selon sa convenance et à son gré, en faut-il davantage à quiconque n'est pas retenu ou égaré par l'esprit de système, pour se croire fondé à soutenir que l'âme est une force raisonnable et libre ? Définition qui contient et résume toute la doctrine du dynamisme psychologique.

Nous ne pouvons attendre un témoignage si favorable de Condillac, le plus célèbre des disciples de Locke, et l'ingénieux auteur du *Traité des sensations*. Car dans ce roman de la nature humaine, où à l'observation de l'âme par la conscience on substitue l'observation d'une statue par les sens ou par conjecture ; où l'on part du phénomène de la sensation, comme d'un fait primitif, qu'on reçoit de l'expérience, sans s'enquérir seulement s'il est simple ou composé, surtout s'il ne serait pas la résultante de causes dynamiques ; où de ce fait non discuté et converti tout d'abord en principe, on fait sortir, par une génération artificielle, toutes nos facultés, comme d'une formule algébrique on tire des formules équivalentes, qui ne diffèrent que par leur mode respectif d'expression; où l'on ne craint pas de définir le Moi lui-même une collection de sensations; comment réserver la moindre part, si petite qu'elle soit, ou quelle fonction assigner à l'activité de l'âme? Mais comme, dans les théories relatives à l'âme, il est plus facile d'omettre le fait de l'activité que de s'en passer, Condillac, dès son premier pas, se trouve en face d'une difficulté imprévue, et qui déconcerte tous ses artifices. C'est que les phénomènes qu'il est tenu d'expliquer par son hypothèse ramènent précisément sur la scène le principe qu'il en avait exilé, et qui seul peut en rendre compte. Ainsi, à peine a-t-il ouvert à sa statue le sens de l'odorat, sens pourtant si humble et si peu instructif, qu'aussitôt, pour ne pas se mettre en désaccord avec l'expérience, il lui faut distinguer entre l'odeur que la statue éprouve actuellement et l'odeur qu'elle a déjà perçue, entre la sensation immédiate et la mémoire qui en évoque le souvenir, la première, où l'âme semble entièrement passive, la seconde, où au contraire elle est évidemment active. « La statue, dit-il, est active par rapport à l'une « de ses manières de sentir, et passive par rap- « port à l'autre. Elle est active, lorsqu'elle se « souvient d'une sensation, parce qu'elle a en « elle la cause qui la lui rappelle, c'est-à-dire, « la mémoire. Elle est passive au moment qu'elle « éprouve une sensation, parce que la cause « qui la produit est hors d'elle, c'est-à-dire « dans les corps odoriférants qui agissent sur « son organe [1]. » Mais devant cette activité psychologique, qui s'éveille par l'action des corps extérieurs, Condillac s'aperçoit bien vite que l'explication qu'il en donne est trop visiblement insuffisante, et il se hâte d'ajouter : « Il y a en nous un principe de nos actions, « que nous sentons, mais que nous ne pouvons « définir. On l'appelle force. Nous sommes « également actifs par rapport à tout ce que « cette force produit en nous, ou au dehors. « Nous le sommes, par exemple, lorsque nous

---

[1] *Traité des Sensations,* ch. II, § II.

« réfléchissons, ou lorsque nous faisons mou-
« voir un corps. Par analogie, nous suppo-
« sons dans tous les objets qui produisent
« quelque changement, une force que nous
« connaissons encore moins ; et nous sommes
« passifs par rapport aux impressions qu'ils
« font sur nous. Ainsi, un être est actif ou
« passif, suivant que la cause de l'effet pro-
« duit est en lui ou hors de lui. » Ce dernier
passage ne fait point partie intégrante du
traité des sensations. Il n'est qu'une simple
note qui sert de commentaire au paragraphe
précité, et qu'en effet l'auteur ne pouvait in-
tercaler dans le texte de l'ouvrage, sans y en-
cadrer lui-même sa propre réfutation. Car,
d'abord, s'il y a en nous un principe de nos
actions, il est clair que ce principe, qui est
nous-même, doit intervenir pour sa part dans
tous les phénomènes de conscience : d'où il
suit que la sensation d'odeur, ou toute autre
que suscite en nous l'influence perpétuelle de
la matière, n'est pas un fait dénué de tout
caractère dynamique, puisqu'il suppose non
seulement l'action d'un corps extérieur sur

l'organe, mais encore la réaction de l'âme contre l'organe. De plus, que penser des propriétés diverses de ce principe, sinon que chacune est proprement une puissance, par laquelle se produit et s'exerce son activité? D'où il suit que nos facultés ne sauraient naître et s'engendrer uniquement par les transformations successives de la sensation. Enfin, ce même principe préexiste évidemment à toutes les impressions qu'il ressent. D'où il suit que le Moi n'est ni ne peut être, comme on le prétend, une collection de sensations. Ou je m'abuse fort, ou ces contradictions implicites, dont la note que j'ai transcrite est comme le timide aveu, parlent plus haut encore pour notre cause que les déclarations d'ailleurs si franches et si expresses de Descartes et de Locke.

Il n'est pas jusqu'au matérialisme le plus outré qui ne nous prête pour sa part un secours inespéré. « Pour se faire, dit Cabanis,
« pour se faire une idée juste des opérations
« dont résulte la pensée, il faut considérer le
« cerveau comme un organe particulier, des-

« tiné spécialement à la produire ; de même que
« l'estomac et les intestins à opérer la diges-
« tion, le foie à filtrer la bile, les parotides et
« les glandes maxillaires et sublinguales à
« préparer les sucs salivaires. Les impressions,
« en arrivant au cerveau, le font entrer en
« activité, comme les aliments, en tombant
« dans l'estomac, l'excitent à la sécrétion plus
« abondante du suc gastrique, et aux mouve-
« ments qui favorisent leur propre dissolu-
« tion. La fonction propre de l'un est de
« percevoir chaque impression particulière,
« d'y attacher des signes, de combiner les dif-
« férentes impressions, de les comparer entre
« elles, d'en tirer des jugements et des déter-
« minations, comme la fonction de l'autre est
« d'agir sur les substances nutritives, dont la
« présence le stimule, de les dissoudre, d'en
« assimiler les sucs à notre nature [1]. » Ici Cabanis, l'illustre Cabanis, comme l'appelle Auguste Comte dans un accès de sympathie matérialiste, avance une hypothèse assurément

---

[1] *Rapports du Physique et du Moral.* Deux. mém.

fort étrange, et dont la témérité serait difficile à surpasser. Dans ce même passage pourtant, il nous fait, à son insu, une concession bien grave, et qui suffit, à la rigueur, pour le réfuter. Cette concession, c'est que le cerveau est un organe capable d'action. Car tel est le sens manifeste des paroles que je rapporte, surtout si on en rapproche la réflexion suivante que l'auteur ajoute peu après :
« Ceci résout pleinement la difficulté élevée
« par ceux qui, considérant la sensibilité
« comme une faculté passive, ne conçoivent
« pas comment juger, raisonner, imaginer, ne
« peut jamais être autre chose que sentir. La
« difficulté n'existe plus, quand on reconnaît,
« dans ces diverses opérations, l'action du
« cerveau sur les impressions qui lui sont
« transmises. » Conséquemment, selon Cabanis, le cerveau est un système de forces conspirantes, dont la fonction commune est de produire et d'élaborer la pensée, qui en est littéralement la résultante; et par suite encore, entre lui et nous, le dissentiment porte, non sur la nature dynamique de la cause intelli-

gente, qu'il nous accorde de lui-même, mais sur l'unité de cette cause qu'il conteste ouvertement, et que nous soutenons au contraire comme la condition implicite de toute synthèse analytique. Mais reconnaître ainsi à chaque particule matérielle du cerveau une énergie ou force propre, cause véritable de son aptitude à concourir aux fonctions intellectuelles, n'est-ce pas, si l'on se rappelle les caractères essentiels de la force énumérés et définis plus haut, n'est-ce pas associer l'invisible au visible, le simple au composé, et à l'étendu l'inétendu? N'est-ce pas renier l'opinion même à laquelle on a sacrifié le grand dogme de la distinction de l'âme et du corps, et s'engager, en dépit de soi, sur le chemin du spiritualisme? Admirable enchaînement de toutes les vérités, et, pour l'Humanité, digne fruit de tant d'efforts et de labeurs! C'est des sciences qui étudient la nature inorganique, c'est du sein de l'astronomie et de la physique générale, c'est des combinaisons et des lois chimiques, qu'est sortie cette idée de force qui s'impose, par une nécessité inéluctable, à toutes les hypothèses matérialistes, qui les pénètre et les consume, tandis qu'elle soutient et vivifie le spiritualisme, auquel elle fournit une base vaste comme la nature. Depuis vingt-cinq siècles, le matérialisme a combattu pour l'empire. Désormais il combattra pour son existence, grâce aux progrès de la pensée, dans la science même de la matière, où il semblait devoir se réfugier, comme dans une citadelle inexpugnable.

De la réalité objective de l'idée de force par rapport à l'âme humaine suit naturellement, du moins dans la sphère du sens intime, la réalité objective de l'idée de cause. Les causes, en effet, j'entends les causes primaires auxquelles seules convient proprement le nom de causes, sont des êtres capables d'action. De là une condition essentielle pour qu'un être intelligent entre en possession de l'idée de cause. C'est qu'il soit lui-même une cause, c'est-à-dire, une force, qui trouve en soi, dans la conscience de sa propre activité, le type primordial de la causalité : tout autre mode d'acquisition, tel que, par exemple, la perception du mouvement par les organes des sens, étant visiblement inadmissible. Or l'âme humaine, selon notre doctrine, est précisément une force consciente de son action, qui agit ou réagit avec un certain degré d'énergie dans tout phénomène auquel elle concourt, et qui par suite, pour apprendre en quoi consiste la causalité en général, n'a qu'à se reconnaître soi-même en tant que cause, dans l'exercice spontané ou réfléchi de ses facultés. Hume nous oppose que l'homme a conscience, non du principe de ses actes, mais seulement de ces actes même, en tant que purs phénomènes; que nous ne sentons aucun pouvoir direct, ni sur les facultés de l'âme, ni sur les organes du corps; qu'au dedans comme au dehors, nous ne voyons que des faits qui se succèdent, non en connexion, mais en simple conjonction; et qu'ainsi, pour quiconque n'affirme que ce qu'il éprouve et ce qu'il sait, une cause n'est et ne peut être qu'un fait qui précède constamment un autre fait, mais qui nous laisse pour sa part dans une ignorance absolue de sa propre raison d'être. Comme si on pouvait sentir l'action qu'on exerce ou qu'on subit, sans se sentir soi-même agissant ou agi! Comme si la conscience de nos pensées, de nos désirs, de nos volitions, n'était pas la conscience du sujet qui pense, qui désire, et qui veut! Comme si notre influence personnelle sur nos progrès dans la science, et sur nos mouvements dans l'espace, n'était pas la plus incontestable des données de l'observation! Comme si l'esprit le moins rebelle, pourvu qu'il comprenne seulement le sens des mots qu'il entend ou qu'il prononce, ne se refusait invinciblement à réduire le rapport de connexion au rapport de succession, si constante qu'on suppose la succession, puisque cette constance n'est encore qu'un fait auquel la raison ne peut s'arrêter! Comme si définir la cause, un fait qui précède constamment un autre fait, n'était pas omettre évidemment, dans la définition de la cause, ce qui fait qu'elle mérite le nom de cause, à savoir, de susciter par son action le phénomène qui lui est simultané ou qui l'accompagne! Mais que peuvent contre l'idée de cause tous les artifices de la plus subtile dialectique ? Hume et sa longue postérité ne parviendront pas à la bannir de l'esprit humain et de la science. Car notre âme, par son dynamisme essentiel, nous offre à tout instant en nous-mêmes l'exemple d'une causalité qui nous est aussi intime que notre être propre.

Maintenant, cette certitude absolue de l'idée de force, que nous venons d'établir par rapport à l'âme, se soutient-elle également par rapport aux objets que nos sens peuvent atteindre ? L'activité que tout homme porte en lui-même manque-t-elle absolument à ce nombre infini d'êtres qui n'offrent aucun indice de pensée et de sentiment ? Ou plutôt, le dynamisme psychologique, qui se révèle à nous par la conscience, n'est-il pas, contre l'apparence, un simple cas particulier d'un fait plus général qui est partout présent dans l'univers ?

A cette grande question, deux raisons, bien graves toutes deux, nous pressent déjà de répondre par l'affirmative. D'abord, l'homme est uni à tout ce qui l'entoure par des rapports si nombreux et si intimes, qu'il serait bien étrange, en vérité, que son âme, qui est le principe essentiel de son être, soit entièrement hétérogène à tous les autres êtres de l'univers. L'état actuel de cette âme, comme chacun l'éprouve à toute heure, ou durant le cours de la vie, dépend non-seulement de sa nature propre et de ses facultés essentielles, mais aussi de la constitution particulière du corps où elle réside, du degré de développement ou d'énergie de tel ou tel organe, de l'âge auquel on est parvenu, du climat sous lequel on a vécu, des vicissitudes de santé ou de maladie qu'on a traversées ou qu'on subit, en un mot, de tout ce qui peut modifier d'une manière ou d'une autre les éléments ou le jeu de l'organisme. Et toutes ces influences si continues et si profondes, comment s'en rendre compte, si on n'admet sur l'âme humaine une action perpétuelle de la part du corps, et par le corps de toutes les causes physiques qui nous affectent? C'est-à-dire, qu'il nous faut de toute nécessité concevoir l'organisme, et tous les éléments avec lesquels il se trouve en rapport actuel de connexion ou de coexistence, comme autant de forces ou de systèmes de forces, qui agissent sur l'âme par une activité propre, et en soi analogue à celle de l'âme. Car la force seule est capable d'action, et seule aussi peut agir sur la force.

Un second argument que nous suggère encore l'observation, c'est qu'il nous est impossible de concevoir aucun être, sans le concevoir en même temps sous l'attribut de la force. Euler, dans ses lettres à une princesse d'Allemagne, cherchant quelles sont les propriétés essentielles de toute substance corporelle, en découvre deux, sans lesquelles, suivant lui, un corps ne serait pas un corps, à savoir, l'étendue et l'impénétrabilité. Nous verrons tout à l'heure ce qu'on doit penser de l'étendue. Quant à l'impénétrabilité, qu'Euler attribue à toute matière, il est clair que le concept qui lui correspond dans la pensée est moins une donnée de l'expérience, qu'un concept *à priori* de la raison. « L'impénétrabilité, dit très-bien « Condillac, est une propriété de tous les « corps; plusieurs ne sauraient occuper le « même lieu. Chacun exclut tous les autres

« du lieu qu'il occupe. Cette impénétrabilité
« n'est pas une sensation. Nous ne sentons pas
« proprement que les corps sont impénétra-
« bles : nous jugeons plutôt qu'ils le sont [1]. »
Et en effet, si je presse deux corps l'un contre
l'autre, à l'aide d'une presse hydraulique ou
de toute autre machine appropriée à cet usage,
mon impuissance actuelle d'identifier les deux
substances ne prouve nullement l'impossibilité
absolue d'y parvenir. Car je puis toujours supposer qu'au moyen d'un mécanisme moins im-
parfait ou mieux adapté à cette fin, et par l'action de forces d'une intensité suffisante, la pénétration mutuelle pourrait s'opérer. Et lorsque j'affirme tout d'abord que la compressibi-
lité des deux corps a une limite ; que, quelque
effort que j'exerce contre leur surface, les éléments respectifs qui les composent n'en re-
tiendront pas moins chacun sa distinction substantielle ; qu'enfin, cette pénétration réciproque de la matière par la matière, il est absurde
de l'espérer et de la tenter ; j'énonce là autant

---

[1] *Traité des Sensations.* Part. II, ch. v.

de propositions rationnelles, auxquelles m'a provoqué l'expérimentation physique, mais dont la vérité intrinsèque est tout à fait indépendante du témoignage de mes sens. Or ces divers jugements, quelle en est la signification métaphysique, sinon que toute matière est composée d'éléments doués de force; que presser un corps contre un autre corps, c'est faire agir un système de forces contre un autre système de forces antagonistes; qu'ainsi deux corps en opposition ne sauraient se pénétrer mutuellement, sans que certaines des forces en action, ou ne perdent leur indépendance propre par leur intime union avec d'autres forces, ou plutôt ne s'annulent pour leur part dans le conflit : ce que la raison humaine n'admettra jamais? De sorte que la conviction naturelle à tous les hommes de l'impénétrabilité absolue des corps, interprétée selon son vrai sens, n'est rien moins qu'une adhésion instinctive au dynamisme essentiel de la matière.

Mais un dogme de cette importance requiert d'autres preuves que cette sourde influence sur notre âme de l'organisme et de la nature, ou que son identité implicite avec une croyance spontanée de notre raison. Pour fonder solidement le dynamisme cosmique, ce n'est pas trop de l'expérience immédiate, ce fondement nécessaire de tout jugement métaphysique, qui n'est ni une hypothèse, ni une illusion.

Or le fait qui peut et doit lui servir de base, c'est le phénomène de la pesanteur. Tous les corps sont pesants, j'entends tous les corps proprement dits, c'est-à-dire ceux dont la chimie recherche et essaye d'assigner les éléments. Mais qu'est-ce qu'un corps pesant, en tant qu'il m'affecte par sa pesanteur? C'est un corps que je ne puis soutenir à une certaine hauteur au-dessus du sol, sans un effort dont j'ai conscience. Tout corps pesant est donc une cause de résistance, c'est-à-dire une force, ou plutôt un système de forces, puisque toute substance corporelle est divisible en plusieurs fragments, dont chacun est lui-même un corps, au même titre que le composé qui l'a fourni. A la vérité cette résistance, que m'oppose tout agrégat d'éléments chimiques, varie en intensité selon sa nature propre, ou selon son état physique. Car elle n'est pas constante pour tous les corps sous le même volume, et, par exemple, personne n'ignore qu'elle est plus faible de la part d'un gaz que de celle d'un liquide. Il se peut même que naturellement, le corps que je tente de saisir, s'il est une vapeur ou un gaz, n'offre aucune prise à l'organe spécial du toucher. Mais ce n'est là qu'un accident sans importance, qui influe sur le degré, non sur la constance du phénomène, et que d'ailleurs il m'est très-facile d'éluder. Car ce fluide que je ne saurais saisir et soupeser avec la main, je puis l'enfermer dans un vase de poids connu, suspendre ce vase à l'un des plateaux d'une balance, et lui faire équilibre avec un poids auxiliaire, dont l'excès sur le poids du récipient mesurera le poids du fluide, c'est-à-dire, la résistance que j'éprouverais moi-même, s'il m'était possible d'en obtenir la perception directe. Je suis certain par conséquent, chaque fois que je soutiens ou que je soulève un composé chimique, d'être en relation dynamique, sinon avec des forces pures exclusivement, du moins avec un système d'éléments doués chacun d'une énergie antagoniste, qui réagit contre la mienne propre.

Cet argument, d'une solidité à toute épreuve, semble pourtant, au premier aspect, sujet à plusieurs objections que je me hâte de prévenir et d'écarter.

La première, c'est que cette résistance extérieure, dont j'ai une conscience aussi vive que de mon effort personnel pour l'équilibrer, procède peut-être, non des éléments mêmes du corps que je tiens avec la main, mais d'une cause étrangère qui agit par son intermédiaire sur cet organe. La pesanteur en effet, ou cette tendance des corps à tomber suivant la verticale, dès qu'on les abandonne à eux-mêmes, en un point quelconque de l'atmosphère, la pesanteur peut s'expliquer par deux causes très-différentes : ou par une force interne, qui gît dans tout élément ou composé chimique, c'est-à-dire, à la fois dans toutes les particules de la terre, et dans celles des corps qui gravitent vers son centre, ou bien par une force externe, qui agirait sur tous les corps graves, pendant la durée de la chute, par une impulsion continue, et les ferait choir, dès qu'on leur retire tout support, suivant la verticale de leur centre de gravité, jusqu'à la rencontre d'un obstacle qui les arrête. De ces deux hypothèses, la première seule est d'accord avec notre principe, et si elle est exacte, le dynamisme des corps graves est démontré. Mais si au contraire c'est la seconde qui se trouve réalisée dans la nature, notre thèse tombe d'elle-même avec la condition indispensable qui lui fait défaut. Et comme la physique à cette heure, de l'aveu de tous les physiciens, est hors d'état de décider la question, il faut convenir que le prétendu dynamisme de la matière pondérable a pour fondement, non le phénomène de la pesanteur, qui en soi est incontestable, mais une interprétation de ce phénomène, qu'il est pour le moment impossible de justifier.

Je répondrai d'abord que cette objection confesse expressément la certitude absolue de l'idée de force. Car elle reconnaît que la gravité des corps ne saurait s'expliquer que par une force dont ils subissent l'action. Mais la loi objective de la connaissance nous suggère une réfutation plus radicale. D'après cette loi, en effet, toutes les propriétés des corps sont réductibles à l'étendue ou à la force. Or accordons d'une part, qu'en effet la cause de la gravité est une force extérieure aux corps, et qui n'agit que par impulsion ; et supposons d'un autre côté, que tout corps susceptible d'en subir l'action soit lui-même absolument dénué de force propre. Il sera donc une étendue pure, identique par essence aux déterminations de l'espace, comme le soutenaient Descartes et ses disciples ; et voilà par conséquent une force impulsive qui agit sur une étendue sans résistance : ce qui est contraire et à la raison et à l'expérience. Le phénomène de la pesanteur suppose donc, de toute nécessité, dans les corps où il se manifeste, une énergie interne, sans laquelle il ne pourrait se produire. Et, pour le dire en passant, c'est là l'origine rationnelle du grand principe, que la réaction est égale à l'action, qui depuis Newton est un des fondements de la mécanique, de la mécanique abstraite et de la mécanique céleste.

Mais, répliquera-t-on, ce phénomène de la pesanteur, d'où vous avez la prétention d'induire l'essence métaphysique des corps, est-il autre chose à leur égard qu'un mode accidentel, dont l'essence en question est absolument indépendante? Car le poids d'un corps, qui est la résultante générale de toutes les actions de la terre sur ce corps, est minimum à l'équateur, maximum au pôle, et, entre ces deux stations extrêmes, varie, sur un même méridien, par tous les degrés intermédiaires. Il suffirait même, pour qu'il s'abaissât au-dessous de sa valeur à l'équateur, d'éloigner suffisamment le corps du centre de la terre. A la distance de soixante rayons terrestres, qui est celle de la lune, le poids d'un corps quelconque ne serait déjà qu'une fraction très-petite de ce qu'il est à la surface du globe : et enfin, à une distance assez grande, aucune balance, même la plus sensible, n'en serait affectée. Si donc, comme on n'en saurait douter, la pesanteur des corps résulte, non de leur nature intime, mais uniquement de leur situation dans l'espace par rapport à tel ou tel centre astronomique, que conclure de cette relation tout extérieure, touchant leur essence propre, qui n'est liée au phénomène qu'on allègue par aucune connexion nécessaire ?

Pour répondre à cette instance, il suffit de faire observer qu'elle introduit dans la discussion un élément qui lui est étranger, à savoir, que la gravité des corps varie avec leur distance actuelle du centre de la terre. Car ce n'est pas de ces variations, ni de la loi qui les règle, qu'il s'agit en ce moment. C'est du phénomène pur et simple de la gravité exclusivement. Ce phénomène, on ne peut le nier, suppose l'action d'une force sur les corps graves. Donc les corps graves satisfont, pour leur part, à la condition nécessaire de cette action, c'est-à-dire, peuvent réagir, et réagissent en effet contre la cause qui l'exerce. Et cette propriété une fois reconnue et admise entraîne, comme conséquence nécessaire, que tout corps grave est lui-même un composé d'éléments doués de force.

On pourrait encore nous opposer que l'étendue possède peut-être une énergie propre qui est capable, par elle seule, de produire tous les phénomènes que nous attribuons à la force; conjecture d'autant plus rationnelle, qu'elle semble confirmée par la mécanique. Ainsi, dans l'équilibre du levier, on peut suppléer à la force par la distance, c'est-à-dire par l'étendue. Pareillement, la puissance d'un corps en mouvement est fonction, comme on sait, de la masse et de la vitesse du mobile, ou, en d'autres termes, peut s'évaluer au moyen de ces deux éléments. D'où il suit que deux corps de masse inégale auront la même puissance, si la différence des masses est compensée, suivant la proportion requise, par la différence des vitesses; c'est-à-dire, selon la définition de la vitesse, par la différence des espaces respectivement parcourus par chaque mobile pendant l'unité de temps, la force qui l'entraîne ayant cessé d'agir. Dans le phénomène du mouvement, comme dans le phénomène de l'équilibre, l'étendue paraît donc se comporter comme douée d'une véritable efficace. Ce qui fait dire à Hegel, le plus sérieusement du monde : « Une tuile ne tue pas par elle-même, mais « elle produit cet effet par suite de sa vitesse « acquise ; c'est-à-dire qu'un homme est tué « par l'espace et par le temps. » Or, si l'étendue, comme on le voit par ces exemples, peut ainsi se substituer à la force, pourquoi multiplier les êtres sans nécessité, et associer inutilement, pour l'explication des phénomènes, la force à l'étendue qui suffit seule à en rendre compte ?

Si le principe de cette objection était exact, il s'ensuivrait cette conséquence immédiate, que les géomètres devraient édifier la mécanique avec la seule idée d'étendue : erreur contre laquelle cette science proteste par sa définition et par ses théories. On demande comment il se fait, si l'étendue est absolument inerte, qu'elle ait la vertu de remplacer la force. La réponse est, que l'étendue ne remplace pas la force, et qu'à cet égard elle n'intervient jamais que comme un symbole, soit de la force même, soit des relations de coexistence que les forces soutiennent entre elles.

Ainsi, pour revenir aux exemples qui précèdent, lorsque deux forces étant en équilibre sur une ligne rigide qui remplit l'office de levier, l'une d'elles vient à s'éloigner du point d'appui, les forces qui se neutralisaient tout à l'heure n'ont plus la même relation de coexistence. Et ce changement, qui se traduit ici par une plus grande distance entre leurs points d'application, équivaut, comme la mécanique l'établit, à un accroissement d'intensité pour l'une des deux forces : ce qui revient à dire, non que l'étendue peut remplacer la force, dans le phénomène de l'équilibre, mais que l'équilibre des forces dépend essentiellement de leurs relations de coexistence, lesquelles se peignent constamment à l'imagination ou aux sens par des relations dans l'espace. De même, quand on dit que la puissance d'un corps en mouvement est fonction de la masse et de la vitesse de ce corps, cela signifie, qu'on doit estimer la puissance qu'il possède, non-seulement par sa masse propre, mais aussi par un certain espace parcouru pendant l'unité de temps : énoncé dont les propres termes réduisent encore l'étendue au rôle de simple signe, et lui ôtent jusqu'à l'apparence de cette énergie qui n'est rien de plus qu'une fiction à l'appui d'un sophisme.

Enfin, une dernière difficulté contre le dynamisme des corps graves serait la possibilité d'expliquer la gravité par une hypothèse indépendante de l'idée de force. Telle est l'opinion de ceux qui ramènent l'idée de force au concept de nécessité logique. Considérez, disent-ils, cette collection, ou plutôt cet ensemble primitif de qualités, qu'on appelle une pierre et cette autre collection ou ensemble analogue qu'on appelle la terre. Quand nous disons qu'il y a dans la terre une force qui attire la pierre, et dans la pierre une force qui attire la terre, cela signifie, que la terre et la pierre se trouvant en présence, il est nécessaire que la pierre tombe vers la terre. La chute de la pierre est le fait qui atteste cette nécessité, et la nécessité elle-même, le lien logique qui unit la grande collection à la petite, la terre à la pierre. — Cette hypothèse qui est d'origine hégélienne, qui en effet sied si bien à l'idéalisme, au système de l'identité de la pensée et de l'être, où les rapports des choses ne sont proprement que des rapports entre des idées, cette hypothèse n'est pourtant pas contradictoire aux principes de Condillac et de Hume, et, par cette raison sans doute, trouve çà et là, parmi leurs disciples, d'habiles et ardents défenseurs. Mais quoique soutenue de si grands noms, elle n'en est pas pour cela plus solide. Car ces faits ou collections de faits, que lie mutuellement la nécessité logique, sont-ils des déterminations de la force, ou des déterminations de l'étendue? Dans le premier cas, l'idée de nécessité logique n'est qu'une dérivation de l'idée de force. Dans le second, la succession des phénomènes n'est qu'une série de déterminations de l'étendue; et alors, expliquez-moi comment la résistance extérieure que je sens, quand je soutiens cette pierre avec la main, est si différente de cette résistance idéale que j'éprouve, si j'essaye de contredire une vérité géométrique. Confessez donc franchement, ou que votre hypothèse n'est qu'un idéalisme déguisé sous le manteau de l'expérience, ou que votre prétendue nécessité logique n'est que le pseudonyme de la force.

Il reste donc établi que tout corps grave est un système d'éléments doués de force. Je dis d'éléments doués de force, et non de forces pures. Car, incertains pour le moment de l'essence métaphysique de l'étendue, et de sa vraie fonction dans la nature des choses, nous ne pourrions l'éliminer de la définition métaphysique des corps, sans supposer démontré ce qui ne l'est pas encore. Quoi qu'il en soit, il appert dès à présent que notre définition, malgré cette restriction provisoire, est en parfait accord avec celle que donnent les physiciens de la masse corporelle. Suivant eux, la masse d'un corps est égale au quotient de son poids, c'est-à-dire de la force qui le fait choir, par la vitesse qu'il possède au bout d'une seconde de chute, lorsqu'il tombe librement dans l'espace. Les physiciens supposent donc que, pour évaluer la masse d'un corps, il faut le soumettre à l'action d'une force; que tout corps conséquemment offre, par sa résistance propre, une prise naturelle à la force qui agit sur lui; en d'autres termes, qu'il est une somme d'éléments doués de force : ce qui est précisément la définition de la substance corporelle que nous venons de proposer.

Mais le fait que nous venons de reconnaître, que le poids d'un corps est la manifestation sensible d'une force inhérente à tous les éléments qui le composent, ce fait n'est qu'un cas particulier d'une loi plus générale, à savoir, que toutes les causes physiques, j'entends les causes primaires, sont essentiellement des causes dynamiques. Si en effet la force seule peut remplacer ou neutraliser la force, il est clair que toute cause dont l'effet propre pourrait être produit ou empêché, soit par l'action d'un ou de plusieurs poids, soit par une cause assimilable elle-même à un poids ou à un système de poids, peut et doit être considérée comme une force, ou un système de forces. Pour démontrer que la nature entière, ou ce qu'on appelle l'univers, est un système d'éléments dynamiques, qui se révèlent à nos sens dans le champ de l'étendue, suivant les lois mêmes que la science recherche et dégage, il suffit donc de faire voir que les causes respectives des phénomènes physiques satisfont actuellement à la condition précédente.

Or le résultat peut-être le plus général des recherches de la physique, depuis deux siècles, c'est que toutes les causes physiques sont des causes de mouvement ou d'équilibre, homogènes à la pesanteur, au point de vue mécanique, et dont l'action, par cela même, est toujours comparable à celle d'un poids. Ainsi, l'attraction moléculaire, introduite par Newton pour expliquer les phénomènes capillaires, intervient dans ces phénomènes comme une force qui se compose avec la pesanteur, à laquelle par conséquent il faut bien la confesser homogène. La cause de l'endosmose et de l'exosmose, ou de ces deux courants inverses qui s'établissent entre deux liquides différents, miscibles l'un à l'autre, et séparés par un mince diaphragme à pores très-petits, cette cause, suivant Dutrochet, qui l'a découverte, peut faire équilibre au poids de plusieurs atmosphères. La cause de la cohésion, ou de cette mutuelle adhérence, qui retient, pour un certain temps, sous une forme constante, les éléments d'un même corps, ne peut être vaincue que par des poids ou par des forces équivalentes à des poids. Le coefficient d'élasticité, relatif à tel ou tel solide, exprime le poids qu'on devrait faire agir, pour doubler la longueur d'une règle, de substance identique à celle du corps, mais de longueur et de section égales chacune à leur unité : ou en d'autres termes, ce nombre mesure le poids qui, à cette limite idéale, empêcherait la force d'élasticité de ramener les éléments de la règle à leur premier mode d'équilibre. Dans l'expérience si célèbre de Cavendish, pour vérifier par l'observation directe, et l'attraction à distance entre les corps pondérables, et la loi suivant laquelle elle s'exerce, les petites sphères mobiles réagissent, à chaque période de l'expérience, contre un couple de torsion, dont les forces intégrantes peuvent s'évaluer en grammes, c'est-à-dire encore contre des forces homogènes à la pesanteur. Ici même, les causes de l'attraction et de la pesanteur sont plus qu'homogènes mécaniquement. Car l'attraction à distance, que met en scène sous nos yeux le petit appareil de Cavendish, est assurément la vraie cause qui retient dans leur orbite les planètes et leurs satellites; et cette cause d'un autre côté, quelle qu'en soit l'essence, est identique à la pesanteur, comme le démontre l'astronomie, par des preuves indépendantes de toute hypothèse. Bien plus, par l'observation des étoiles doubles on sait que des deux étoiles, l'une tourne autour de l'autre, suivant les lois de Kepler, ou ce qui revient au même, qu'elles s'attirent mutuellement suivant les lois de Newton; puisque les mouvements des corps célestes, définis par les lois de Kepler, présupposent, de toute nécessité, et les causes dynamiques que Newton leur assigne, et les lois suivant lesquelles elles agissent. La force d'attraction, inhérente aux éléments du soleil et des planètes, gît donc aussi dans les éléments qui composent les étoiles. De sorte que ce monde, même d'après les seules propriétés de la matière pondérable, doit être conçu, dès à présent, comme un dynamisme immense, dont tous les éléments ne cessent d'agir et de réagir, dans l'infinité du temps et de l'espace, avec une activité indéfectible.

Mais cette conclusion, il est aisé de l'étendre à la matière impondérable, c'est-à-dire aux éléments de l'électricité, du calorique et de la lumière, dont il est impossible d'évaluer avec la balance une quantité déterminée, suivant la méthode usitée pour les corps pesants. En effet, l'électricité statique peut faire équilibre à la réaction d'un fil élastique, et l'électricité dynamique ou de courant, au couple qui tend à ramener l'aiguille aimantée dans le méridien magnétique, dès qu'on l'écarte tant soit peu de sa position d'équilibre. Et comme les forces, qui dans chacune de ces expériences constituent le couple antagoniste, sont toujours comparables à des poids, nul doute par conséquent, suivant le principe énoncé plus haut, que la cause électromotrice, dans tous les phénomènes d'équilibre ou de mouvement qu'elle peut produire, ne se comporte comme une force ou un système de forces. Il en est de même du calorique ou de la cause qui dilate les corps pondérables. Car dans la dilatation d'un corps, par exemple d'un corps solide, la cause qui détermine son accroissement de volume équivaut évidemment à celle qui pourrait le ramener à son volume primitif; et l'on sait qu'en général, pour comprimer un solide, même d'une très-petite fraction de son volume, il faut exercer contre sa surface une pression très-intense. Ajoutez à cela que, d'après les données de l'observation, tout organe mécanique, qui consomme ou opère un certain travail, fait apparaître ou disparaître une certaine quantité de chaleur, et que dans les mécanismes les plus divers, à une unité de chaleur consommée ou produite correspond toujours un même nombre de kilogrammètres produits ou consommés. Corrélation, ou, plutôt, équivalence entre le travail et la chaleur, qui étonne tout d'abord, et qui pourtant suit naturellement de l'homogénéité mécanique du calorique et de la force, dont cette belle découverte fournit une preuve nouvelle et saisissante. A l'égard de la lumière, il suffit de rappeler que, selon toute probabilité, la cause dont elle procède est identique à celle de la chaleur; que l'hypothèse des ondulations, la seule qui jusqu'à présent suffise à l'explication des faits et des lois optiques, consiste précisément à rendre compte de ces phénomènes par des mouvements vibratoires soumis aux lois de la mécanique; qu'enfin, pour définir ces mouvements, Fresnel lui-même n'a pu mieux faire, que d'assimiler chaque élément de l'éther à un petit plan solide, qui oscillerait autour de sa position d'équilibre, dès qu'il en dévie par une cause capable de l'ébranler, à peu près comme un pendule ordinaire oscille de part et d'autre de la verticale par l'action de la pesanteur. Qui ne sait d'ailleurs que la lumière, à l'instar de l'électricité et du calorique, agit mécaniquement dans certains phénomènes chimiques, pour rapprocher ou dissocier les molécules de corps pondérables, et dès lors se range parmi les forces, au même titre que ces deux agents, dont elle imite en ce cas le mode d'action? Par où l'on voit que les éléments de la matière impondérable agissent aussi à leur manière, comme les éléments de la matière pondérable, et qu'ainsi l'hypothèse du dynamisme cosmique, qui pouvait ne sembler tout d'abord qu'une conjecture abstraite et métaphysique, se trouve au contraire, par rapport à la nature, la simple expression d'un fait universel, dont l'astronomie, la physique et la chimie nous dévoilent de jour en jour les phases et les merveilles.

Au reste, ce dynamisme général de la matière ressort avec une telle évidence de toutes les recherches scientifiques, qu'un penseur de nos jours, qui a vécu dans l'étude et la méditation des sciences, mais animé d'une sorte de fanatisme contre la notion de force qu'il voudrait proscrire, même de la mécanique, s'est cru obligé cependant de protester contre le préjugé commun de l'inertie naturelle des corps. « Dans la manière de philosopher primitive-
« ment employée, dit Auguste Comte, on con-
« cevait la matière comme étant par sa nature
« essentiellement inerte ou passive, toute ac-
« tivité lui venant nécessairement du dehors,
« sous l'influence de certains êtres surnaturels,
« ou de certaines entités métaphysiques. Mais

« depuis que la philosophie positive a com-
« mencé à prévaloir, et que l'esprit humain
« s'est borné à étudier le véritable état des
« choses, sans s'enquérir des causes premières
« et génératrices, il est devenu évident pour
« tout observateur que les divers corps natu-
« rels nous manifestent tous une activité spon-
« tanée plus ou moins étendue. Il n'y a sous
« ce rapport, entre les corps bruts et ceux que
« nous nommons par excellence animés, que
« de simples différences de degré. D'abord,
« les progrès de la philosophie naturelle ont
« pleinement démontré qu'il n'existe point de
« matière vivante proprement dite *sui generis,*
« puisqu'on retrouve dans les corps animés
« des éléments exactement identiques à ceux
« que présentent les corps inanimés. De plus,
« il est aisé de reconnaître dans ces derniers,
« une activité spontanée exactement analogue
« à celle des corps vivants, mais seulement
« moins variée. N'y eût-il dans toutes les molé-
« cules matérielles d'autre propriété que la
« pesanteur, cela suffirait pour interdire à tout
« physicien, de les regarder comme essentielle-

« ment passives. Ce serait vainement qu'on
« voudrait présenter les corps sous un point
« de vue entièrement inerte dans l'acte de la
« pesanteur, en disant qu'ils ne font alors
« qu'obéir à l'attraction du globe terrestre.
« Cette considération fût-elle exacte, on n'au-
« rait fait évidemment que déplacer la diffi-
« culté, en transportant à la masse totale de
« la terre l'activité refusée aux molécules iso-
« lées. Mais de plus, on voit clairement que,
« dans sa chute vers le centre de notre globe,
« un corps pesant est tout aussi actif que la
« terre elle-même, puisqu'il est prouvé que
« chaque molécule de ce corps attire une
« partie équivalente de la terre tout autant
« qu'elle en est attirée, quoique cette dernière
« attraction produise seule un effet sensible,
« à raison de l'immense inégalité des masses.
« Enfin, dans une foule d'autres phénomènes
« également universels, thermologiques, élec-
« triques, ou chimiques, la matière nous pré-
« sente évidemment une activité spontanée
« très-variée, dont nous ne saurions plus la
« concevoir entièrement privée. Les corps

« vivants ne nous offrent réellement à cet
« égard d'autre caractère particulier, que de
« manifester, outre tous ces divers genres
« d'activité, quelques-uns qui leur sont pro-
« pres, et que les physiologistes tendent d'ail-
« leurs de plus en plus à envisager comme
« une simple modification des précédents.
« Quoi qu'il en soit, il est incontestable que
« l'état purement passif, dans lequel les
« corps sont considérés en mécanique ration-
« nelle, présente, sous le point de vue phy-
« sique, une véritable absurdité. »

De cette démonstration de la certitude absolue du concept de force, il suit évidemment que le concept d'étendue ne possède au contraire qu'une certitude relative. D'une part en effet, ou il faut rejeter entièrement le témoignage de la conscience et des sens, ou on doit reconnaître que la force est un attribut essentiel de tout être. D'un autre côté, comme on l'a vu plus haut, la force ne peut coexister en un même sujet avec l'étendue, dont les caractères sont contradictoires aux siens propres. Donc l'étendue n'appartient qu'en apparence aux objets de l'expérience, ou ce qui revient au même, dépend uniquement des conditions sous lesquelles s'exerce notre faculté de percevoir et de connaître, qui, par une nécessité originelle, à laquelle il lui est impossible de se soustraire, transporte une de ses modalités subjectives à la nature des choses, et suscite ainsi, par cette attribution illégitime, l'antinomie radicale, qu'on entrevoit à peine dans les sciences particulières, dont elle est la condition d'existence, mais que la métaphysique générale, qui en contient les deux termes dans sa formule fondamentale, devait tôt ou tard mettre en pleine lumière. L'établissement du dynamisme cosmique est donc déjà une première preuve de la subjectivité de l'étendue. Malheureusement, cette preuve n'est encore qu'indirecte, et laisse la porte ouverte à des objections qui semblent tout d'abord aussi solides qu'elle-même. L'étendue en effet, tout comme la force, est une donnée de l'expérience. Car nous la percevons partout où le toucher peut atteindre, partout où la vue peut pénétrer; tout corps, pour ces deux sens, étant un étendu dans l'espace, c'est-à-dire un étendu dans l'étendue. En outre, pour la pensée, la notion d'étendue est bien autrement claire et précise que la notion de force, qu'on ne peut guère lui comparer sous ce rapport. Si donc leur opposition réciproque exige nécessairement que l'une cède la place à l'autre, pour quelle raison préférer la force à l'étendue, qui tombe à tout instant sous l'intuition externe, comme la force sous l'intuition interne, et de plus la surpasse en évidence? A cause de cela, et pour lever toute incertitude, il nous faut soumettre la notion d'étendue à la même épreuve que la notion de force, remonter à son origine, faire voir, par une discussion expresse de la question, que l'étendue n'est qu'un simple phénomène, dont toute la réalité gît dans le fait psychologique d'être senti ou imaginé, bien qu'elle nous apparaisse au dehors comme une propriété constante de la matière, et affranchir ainsi la métaphysique d'une cause d'erreur, de toutes sans contredit la plus ordinaire et la plus féconde en graves conséquences.

Des cinq sens dont nous a pourvus la nature, pour communiquer avec le dehors, la vue et le toucher sont les seuls par lesquels l'âme peut acquérir la notion d'étendue. C'est donc exclusivement à ces deux sens qu'il convient de demander les éléments nécessaires pour résoudre le problème de la valeur objective de ce concept. Mais comme l'étendue optique, de l'aveu de tout le monde, est de même nature que l'étendue tactile, dont elle ne diffère qu'en ce qu'elle nous apparaît toujours sous une couleur déterminée, et que d'ailleurs, le témoignage de la main est plus sûr que le témoignage de l'œil, c'est le toucher que nous interrogerons tout d'abord, pour déterminer l'origine du concept d'étendue, sauf à revenir dans un instant sur l'étendue optique, dont l'examen peut aussi nous fournir un moyen précieux de vérification.

La perception de l'étendue tactile, comme en général toutes les perceptions des sens, requiert trois espèces de conditions, qu'il importe de distinguer nettement. Car en omettre une seule, ou l'identifier à toute autre qu'elle-même, c'est se mettre d'avance dans l'impossibilité absolue de rien comprendre à la nature de l'étendue corporelle.[1]

La première de ces conditions est la présence d'un certain corps, en relation actuelle avec tel ou tel élément de l'organe du toucher. Par exemple, dès que j'applique la main sur cette table, ou que je promène les cinq doigts sur sa surface, je sens qu'il y a là, dans la région de l'espace où je me trouve, un objet étendu qui m'avoisine. Mais dès que je retire l'organe en exercice, aussitôt la sensation d'étendue s'évanouit. Elle renaît avec le contact, et s'anéantit dès qu'il a cessé. Mon corps même, mon propre corps, auquel mon âme est si étroitement unie, que j'éprouve tant de difficulté à les juger mutuellement distincts, comment sais-je qu'il est étendu? Parce que je puis le parcourir et le palper avec les mains, ou presser tel autre de mes organes contre un organe limitrophe ou à sa portée. Dans cette phase du phénomène, la perception de mon étendue propre est soumise à la même loi que la perception de cette étendue extérieure, que j'attribue aux objets qui m'environnent.

La seconde est le concours de l'organe du toucher en général, et en particulier, de tous les éléments nerveux qui entrent dans sa structure, ou desquels dépend naturellement son exercice. Vainement ma main toucherait cette table ou tout autre corps extérieur, si les filets nerveux qui se distribuent au derme palmaire étaient détruits ou altérés dans leur substance, ou avaient cessé de communiquer avec l'encéphale, ou, comme il arrive dans certains états morbides, se trouvaient réduits à l'impuissance par la paralysie des centres nerveux, d'où ils tirent leur origine. Dans ces divers cas, tout se passerait comme si l'organe en contact avec la table était lui-même un corps inorganique, et la perception ne pourrait s'opérer.

La troisième est l'intervention de l'âme même. Cette dernière condition, qui d'ailleurs est évidente à priori, puisque c'est l'âme seule qui perçoit, ressort également d'un examen tant soit peu attentif de la seconde. Considérez en effet une partie quelconque de la peau, dont la surface entière est sensible aux impressions extérieures, ou mieux encore, un des doigts de la main, et dans ce petit organe, les lignes qui en sillonnent l'extrémité palmaire. Chacune de ces lignes est constituée par une série de papilles ou petits corps, où aboutissent, soit en forme d'anse, soit par une extrémité libre, les subdivisions des nerfs qui s'y rendent de la moelle épinière par les trous de conjugaison pour communiquer à la main son aptitude à sentir. Comme plusieurs courbes papillaires, et dans chacune en particulier, un certain nombre de papilles interviennent dans l'attouchement, la sensation consécutive est évidemment un phénomène complexe. Cette sensation est ainsi la résultante de plusieurs causes, d'autant de causes distinctes, qu'il est d'éléments nerveux qui ont concouru à la produire. Et par suite, on est contraint de supposer, à toutes ces actions diverses, un centre commun où elles convergent, et bien entendu, un centre indivisible. Ce qui nous ramène, par une autre voie, au principe établi plus haut, de la simplicité du sujet pensant.

Ainsi, une cause physique, le contact d'un corps antagoniste ; une cause physiologique, le concours de l'organe et de l'encéphale; enfin, une cause psychologique, l'intervention de l'âme ; voilà, pour ainsi dire, les éléments essentiels de la perception de l'étendue tactile. Mais ces trois éléments distincts et irréductibles, quel est le rôle dynamique de chacun dans le fait complexe où ils se rencontrent ? Autre condition implicite du problème, qu'il est nécessaire de dégager avec toute la netteté possible, parce qu'aucune n'est plus propre à nous en suggérer une solution rationnelle.

Que le corps antagoniste qui, dans la perception de l'étendue tactile, se trouve en rapport avec l'organe du toucher, agisse alors dynamiquement, c'est ce que chacun de nous éprouve par soi-même à tout instant. A tout instant en effet, au contact d'un corps et de la main, nous sentons que le corps oppose à la main une certaine résistance. Cette résistance est précisément ce qui suscite dans l'âme la sensation d'étendue tactile. Où la main ne rencontre aucun obstacle, non-seulement l'âme ne perçoit aucune étendue corporelle, mais encore elle ne soupçonne la présence d'aucun corps. De là vient que toute matière, qui n'exerce pas sur la peau une pression d'une certaine intensité, ne saurait nous révéler son existence par l'organe du toucher. Tel est l'éther, qui ne peut être l'objet d'une perception tactile, parce qu'il nous affecte, non comme cause de résistance, mais uniquement comme cause de lumière ou de chaleur. Et sans nul doute, il en serait de même de l'air que nous respirons, s'il n'opposait à nos mouvements une résistance dont tout homme a conscience. En un mot, la perception de l'étendue tactile suppose toujours, de la part du corps auquel on la rapporte, une résistance appréciable.

L'action propre de l'organe, ou plutôt de son élément nerveux, qui seul ici mérite examen, est moins aisée à discerner, mais assurément tout aussi réelle. L'expérience la plus propre à la mettre en évidence serait de faire agir successivement sur les divers organes des sens une même cause capable de les affecter indistinctement, et d'observer si les impressions consécutives sont identiques ou différentes. Dans cette dernière hypothèse, si l'agent excitateur auquel on soumet tour à tour l'élément nerveux de chaque organe suscite des sensations hétérogènes, il faudra bien reconnaître dans tout nerf sensoriel une énergie propre, qui agit toujours selon son essence, et que la cause excitatrice ne fait que provoquer à l'action. Or, entre les agents physiques, il en est un précisément qui jouit de la propriété d'ébranler tous les organes des sens, et auquel chacun d'eux répond à sa manière. Cet agent est l'électricité, qui détermine des saveurs dans la langue, des odeurs dans le nez, des lueurs fulgurantes dans l'œil, des sons dans l'oreille, des picotements dans l'organe du toucher. Impossible par conséquent de révoquer en doute, dans les perceptions des sens, l'action propre des nerfs, que confessent d'ailleurs les plus illustres physiologistes. « La sensation, « dit Mueller, est la transmission à la conscience, « non d'une qualité ou d'un état des corps ex- « térieurs, mais d'une qualité ou d'un état de « nos nerfs, état auquel donne lieu une cause

« extérieure... Cette vérité, qui ressort d'un
« examen simple et impartial des faits, nous
« amène à reconnaître que les différents nerfs
« de sentiment sont animés de forces spé-
« ciales, indépendamment de la diférence
« générale qui existe entre eux et les nerfs
« moteurs. »

Il ne reste, dans cette interprétation dynamique des conditions du problème, qu'à reconnaître la part de l'âme. Mais, touchant le fait de son action, qui pourrait hésiter un seul instant? Car nous savons, par le témoignage incessant de la conscience, que l'âme est une force; et d'ailleurs, aucune sensation n'est possible sans un certain degré d'attention, c'est-à-dire sans que l'âme y concoure par son énergie propre. Seulement cette action de l'âme, dans la perception de l'étendue tactile, n'est ni ne peut être spontanée. Ici, comme dans tous les cas où l'homme va chercher et provoque les impressions extérieures, il faut distinguer les modifications dont il est la cause première, de celles dont il n'est que la cause occasionnelle. Si j'appuie la main sur cette table, c'est sans doute ma volonté qui a dirigé l'organe sur la région du plan solide où il est actuellement appliqué, et qui l'y maintient quelques instants immobile. Mais autre est le mouvement qui a précédé la sensation, et autre la sensation même qui suit le mouvement. Le déplacement de ma main est un acte d'une spontanéité absolue, puisqu'il s'est produit par ma propre initiative. Mais la sensation qui l'accompagne est-elle spontanée au même degré? Non évidemment, puisqu'elle suppose le concours d'une cause étrangère. En un mot, si le mouvement de l'organe, condition préliminaire du phénomène, est un acte libre, dont l'âme a pris l'initiative, la sensation qui succède au mouvement, par une différence caractéristique, est une réaction involontaire, qui procède encore de l'énergie propre de l'âme, mais que l'âme elle-même n'a le pouvoir ni de retenir, ni de modérer.

Voici donc comment s'opère la perception de l'étendue tactile : un corps extérieur, ou une partie quelconque de mon propre corps, qui peut ici remplir le même office, agit par sa résistance contre l'organe du toucher; l'organe, de son côté, répond aussitôt à la pression du dehors par une action propre, dont le centre nerveux correspondant avertit l'âme; enfin, l'âme à son tour réagit contre l'action organique. Cette réaction, quand le Moi en a conscience, est précisément la sensation ou perception d'étendue tactile.

Or, par cette simple exposition des lois qui président à la perception de l'étendue tactile, il est aisé de s'assurer qu'aucune ne nous autorise à regarder cette étendue, plutôt comme une propriété de l'objet perçu, que comme une modalité du sujet qui perçoit. De quel élément en effet ou de quelle circonstance du phénomène en induire, avec rigueur et certitude, la réalité objective? Serait-ce de la présence du corps touché qui, à peine en relation avec la main, suscite aussitôt dans l'âme la sensation d'étendue? Mais on vient de voir que, dans la perception, le corps extérieur intervient par sa résistance, c'est-à-dire comme une cause dynamique. Serait-ce du concours des nerfs en exercice ? Mais ici encore l'observation nous avertit que les éléments des nerfs tactiles contribuent au phénomène par leur énergie respective, c'est-à-dire, par une propriété assurément tout autre que leur étendue apparente. Et de là vient que si, par des causes qui nous échappent, ou que nous ne saisissons toujours qu'imparfaitement, l'activité des nerfs sensitifs se trouve tout d'un coup neutralisée, de cette inertie anormale suit immédiatement l'impossibilité absolue de la perception. Or si, à parler avec rigueur, les éléments matériels qui concourent à l'opération, tant du côté de l'organe que du côté de l'objet, se comportent tous comme des forces, quoi de plus naturel que de considérer l'étendue consécutive à leur action, comme une réaction de l'âme, en tant que force intelligente, c'est-à-dire, comme une simple intuition psychologique? Et en effet, pourquoi l'âme, qui, dans toute hypothèse, opère ici à titre de force, puisqu'elle réagit indirectement contre la résistance extérieure, et directement contre l'action nerveuse, pourquoi l'âme n'aurait-elle pas précisément pour fonction de produire cette apparence de l'étendue, qu'elle ne localise au dehors que parce que la résistance du corps antagoniste donne aussitôt à l'intuition un objet déterminé? La seule objection vraiment sérieuse qu'on puisse opposer à cette doctrine, c'est la difficulté de concevoir comment une force inétendue peut engendrer par sa réaction l'apparence de l'étendue. Mais, outre qu'il est bien autrement difficile de comprendre comment l'étendue elle-même, et comme objet externe, pourrait coexister avec la force dans un même être, on va voir que cette objection, si spécieuse au premier abord, est en fait de nulle valeur.

Pour la résoudre, il suffit d'observer qu'elle n'est point particulière à la perception de l'étendue tactile, mais s'appliquerait, avec la même rigueur, si elle était fondée, aux perceptions des autres sens, à l'égard desquelles cependant il est facile d'en démontrer l'inanité. En effet, l'exercice du goût, de l'odorat, de la vue et de l'ouïe, requiert, comme l'exercice du toucher, trois causes distinctes, et dont chacune agit à sa manière, à savoir, une cause physique, qui est un corps en contact immédiat avec l'organe, ou un fluide intermédiaire; une cause physiologique, à savoir, l'organe spécial du sens que l'on considère, avec tous les éléments nerveux correspondants; enfin, une cause psychologique, commune à tous les sens, et qui n'est autre que l'âme même. Toute sensation, ou de saveur, ou d'odeur, ou de lumière, ou de son, est ainsi, par essence, un phénomène de réaction psychologique, qui se produit dans l'âme, toutes les fois qu'elle est provoquée avec une certaine énergie par l'action nerveuse, qui elle-même a dû être stimulée par une action extérieure d'une intensité suffisante. Or examinez, je vous prie, quelle est la réalité objective de ces divers phénomènes. Ce qu'on appelle la saveur ou l'odeur d'un corps n'est, de l'aveu de tous, des philosophes comme des physiciens, qu'une modification interne, sans aucune analogie ni ressemblance avec la cause extérieure qui la détermine, c'est-à-dire, avec le corps dont les particules affectent la muqueuse linguale ou olfactive. De même, la lumière et les couleurs, envisagées comme telles, et sous l'apparence qui leur est propre, ne sont rien de plus que de simples affections de celui qui les voit. Car la lumière résulte des vibrations de l'éther, son intensité de leur amplitude, sa couleur de leur durée ; et certes, les éléments physiques de l'éther ne sont pas plus lumineux ou colorés par eux-mêmes, que les éléments organiques de la rétine qui vibre à l'unisson de l'éther. Quant aux perceptions de l'ouïe, leur hétérogénéité absolue, comme phénomènes acoustiques, avec le mouvement vibratoire qui les fait naître, ressort avec tant d'évidence de l'observation scientifique, que personne, à cette heure, ne tenterait seulement d'en contester l'entière subjectivité. Conséquemment, si l'âme seule engendre la saveur, comme saveur, quand elle réagit contre le centre nerveux correspondant au nerf lingual; l'odeur, comme odeur, quand elle réagit contre le centre nerveux correspondant au nerf olfactif; la lumière, comme lumière, quand elle réagit contre le centre nerveux correspondant au nerf optique; le son, comme son, quand elle réagit contre le centre nerveux correspondant au nerf acoustique; pourquoi serait-elle impuissante à engendrer pareillement l'étendue tactile, quand elle réagit contre le centre nerveux correspondant aux nerfs tactiles? Cette assimilation de la perception d'étendue tactile aux perceptions des autres sens est d'autant plus légitime, qu'à vrai dire, les quatre sens céphaliques peuvent être considérés comme autant de variétés du sens général du toucher : le goût n'étant que le toucher des corps sapides; l'odorat, le toucher des particules odorantes; la vue, le toucher de l'éther; l'ouïe, le toucher du liquide qui transmet au nerf acoustique les vibrations moléculaires de la matière pondérable. Et en vérité, ne serait-il pas puéril de rejeter, relativement à l'étendue tactile, le mode de génération que je propose, par cette unique raison qu'il est inconcevable de la part d'une force inétendue, lorsqu'on est contraint de l'admettre pour les saveurs, pour les odeurs, pour la lumière, pour les sons, qui, au regard de la raison pure, et abstraction faite des lois expérimentales de nos perceptions sensorielles, ne répugnent pas moins au caractère essentiellement dynamique de l'âme humaine?

Cet argument nous en suggère un autre à la vérité moins général, mais en retour plus intime encore à la question. Comme je viens de le rappeler, la lumière est essentiellement subjective. C'est ce qu'il est permis de conclure, avec une entière certitude, du phénomène des interférences, qui consiste en ce que deux rayons de lumière qui se rencontrent sous certaines conditions, peuvent s'annuler mutuellement, et produire par leur concours, non de la lumière, mais de l'obscurité. Ce phénomène serait absolument inexplicable, si l'éther, ou tout autre agent qu'on assignerait pour cause à la lumière, jouissait d'un éclat propre, et tout à fait indépendant de notre faculté de percevoir. Car le moyen de concevoir que deux files de molécules, dont chaque élément possède une lumière substantielle, perdent tout à coup la propriété de nous éclairer, par cela seul qu'elles se juxtaposent, ou se confondent en une seule, ou viennent à se choquer l'une contre l'autre, ou enfin entrent en relation suivant tel autre mode qu'on pourra imaginer, pourvu qu'il n'implique pas contradiction! Devant une aussi grave difficulté, quiconque attribue à la perception de lumière une réalité objective est réduit à l'alternative, ou de contester le fait qui l'embarrasse, c'est-à-dire, de s'inscrire en faux contre l'expérience, ou de retirer son hypothèse, c'est-à-dire, d'accorder la subjectivité de la lumière. Mais admettre la subjectivité de la lumière, c'est reconnaître, par cela même, celle de l'étendue concomitante qui lui sert de support; puisque la lumière ne saurait briller à nos yeux que sous la forme d'une étendue déterminée. Voilà donc, à tout le moins, une espèce particulière d'étendue, à savoir, celle qui soutient le phénomène de la lumière, que l'âme est capable de susciter par sa réaction propre contre les nerfs optiques, et devant laquelle s'évanouit la prétendue impossibilité d'expliquer par une cause purement dynamique le phénomène de l'étendue. Les perceptions de la vue confirment ainsi notre doctrine, non-seulement par le caractère de subjectivité qui leur est commun avec celles du goût, de l'odorat et de l'ouïe, mais encore par cette circonstance spéciale, qu'en soi elles impliquent et emportent nécessairement l'apparence de l'étendue.

Enfin une raison toute métaphysique, mais qui n'est pas pour cela moins solide, c'est que notre théorie fournit une solution immédiate de l'antinomie singulière qui semble le postulat de toutes nos connaissances expérimentales, et sous laquelle succombe l'opinion que je combats. Si on suppose en effet que l'étendue, aussi bien que la force, convient aux objets de l'expérience, et en est un élément inséparable, alors, comme les propriétés de la première sont précisément inverses des propriétés de la seconde, on se trouve avoir admis implicitement que les contradictoires peuvent coexister en un même sujet : erreur qui est le type même du faux et de l'absurde. Mais si au contraire on reconnaît avec nous que la force seule est réelle, d'une réalité absolue et substantielle, tandis que l'étendue n'est rien de plus qu'un acte psychologique, qui seulement, pour apparaître sous le regard de la conscience, requiert certaines conditions physiologiques et physiques, aussitôt la contradiction se dénoue avec la relation imaginaire qu'on avait eu le tort d'établir entre deux choses si profondément hétérogènes, et qu'on devait tenir pour naturellement isolées. De sorte que notre réponse à la question de savoir quelle est la réalité objective de la notion d'étendue, qui paraît si étrange au premier abord, est au fond la seule vraiment rationnelle, puisqu'on ne saurait la rejeter, sans mettre, pour ainsi dire, la raison aux prises avec elle-même.

Mais, objectera-t-on, cette réponse est en contradiction expresse avec l'expérience. Car elle réduit l'étendue à une simple apparence psychologique, tandis que la vue et le toucher, relativement à tous les corps auxquels ils peuvent atteindre, nous attestent une étendue propre à chacun, et manifestement extérieure à l'âme. Ne sont-ils pas étendus ces objets proches ou éloignés, avec lesquels, à cette heure, je me trouve en relation : ce corps auquel mon âme est si étroitement unie ; cette table devant laquelle je suis assis ; cette maison où je suis enfermé ; cette terre qui me porte, ce soleil qui m'éclaire, enfin cet univers, par rapport auquel cet astre lui-même n'est qu'un imperceptible atome? Une illusion si constante et si générale est-elle possible, et même concevable? Et si elle ne l'est pas, que devient l'hypothèse dont elle est pourtant la conséquence nécessaire? Cette hypothèse, dites-vous, résout l'antinomie implicite que recèle dans son sein la science de la nature, et réconcilie la raison avec elle-même. Mais qu'importe que la paix se rétablisse dans la sphère de la raison, si la guerre recommence aussitôt dans la sphère de l'expérience? Et d'ailleurs, si l'axiome de contradiction, suivant lequel les contradictoires ne peuvent coexister en un même sujet, est une règle logique, qu'en effet la raison ne saurait enfreindre, cette même raison n'est-elle pas tenue de respecter également la règle fondamentale de tout raisonnement hypothétique, à savoir, qu'une conjecture rationnelle, si ingénieuse qu'elle paraisse, n'a pourtant de valeur scientifique qu'en vertu des faits qui la justifient, et que toute hypothèse en opposition avec l'expérience ne saurait être qu'une erreur, à laquelle il n'est pas même permis d'accorder une créance provisoire?

Cette objection suppose justement ce qui est en question. En effet, que nous apprennent la vue et le toucher, sur le degré de réalité de l'étendue corporelle, quand l'âme les dirige vers tel ou tel corps? Que l'étendue est une qualité du corps en expérience? Pas le moins du monde. Car la perception du corps une fois opérée, il est toujours permis de se demander, par un doute assurément bien légitime, si l'image de l'étendue, qui accompagne cette perception, ne serait pas une simple apparence. Que cette même étendue n'est en effet qu'une illusion des sens ou de l'imagination? Pas davantage. Car il n'est pas moins naturel de supposer qu'elle est au contraire un attribut réel de la matière. Il est clair en effet que le phénomène pur et simple, tel que le rapport des sens nous le transmet, s'explique avec une égale vraisemblance dans les deux hypothèses, du moins tant qu'on se borne à l'envisager en soi, et à l'exclusion de toutes les circonstances corrélatives qui peuvent en suggérer la vraie nature. Suivant la première hypothèse, l'étendue corporelle n'est qu'une image, qui naît de la réaction interne du sujet pensant contre l'impression organique, et que l'âme transfère aux corps extérieurs, par une loi analogue à celle qui lui fait localiser, en chaque organe des sens, l'impression que cependant elle n'a pu percevoir que dans le cerveau. Suivant la seconde au contraire, l'étendue est une propriété essentielle de l'objet perçu, dont elle est par conséquent inséparable. Et dans les deux cas évidemment, l'âme, dès qu'elle subit une action corporelle par l'intermédiaire du corps organique où elle réside, doit apercevoir incontinent de l'étendue : dans le premier, parce qu'elle l'engendre et la communique à l'objet; dans le second, parce qu'elle l'y trouve naturellement préexistante. Il en est ici de cette apparence, comme de certains phénomènes astronomiques, tel que le mouvement annuel du soleil sur la sphère céleste, dont il est aussi aisé de rendre compte par la rotation du globe autour de cet astre, que par celle du soleil autour de la terre. Mais de même qu'en astronomie, tout n'est pas égal entre ces deux hypothèses, bien qu'à l'origine elles aient pu paraître également probables, de même que leur parité logique ne se soutient devant la raison que si on élimine du champ de l'observation les faits qui déposent contre l'opinion fausse et décident en faveur de l'opinion vraie, ainsi, dans le cas dont il s'agit, la doctrine de la subjectivité de l'étendue triomphe de l'opinion antagoniste, dès qu'on introduit dans la discussion cette opposition radicale de l'étendue et de la force, qui joue ici contre nos adversaires le même rôle que l'aberration des étoiles, ou toute autre apparence cosmique, qu'il serait impossible d'expliquer en supposant que le soleil se meut et que la terre est immobile. Quant à l'expérience elle-même, qui est littéralement neutre dans la question, son prétendu désaccord avec notre thèse procède, non des faits mêmes qu'on invoque, mais du sens arbitraire qu'on leur attribue implicitement et sans en avoir l'air : et comme cette interprétation irrationnelle est précisément ce qu'il faudrait d'abord justifier, l'objection qu'on nous oppose n'est visiblement qu'une pétition de principe.

De la discussion qui précède sur la valeur objective des notions primordiales d'étendue et de force, il suit, par une conséquence immédiate, qu'un corps quelconque n'est et ne peut être qu'un composé de forces simples. Tout corps en effet est divisible, comme l'expérience nous l'apprend. Donc tout corps est un composé. Mais les éléments multiples qui le constituent, quelle en est la nature métaphysique ? Ce problème, d'après la loi objective de la connaissance, suivant laquelle tous les éléments de la pensée et de l'être se ramènent à la force et à l'étendue, ne comporte que trois solutions possibles. Les éléments constitutifs de la matière sont, de toute nécessité, ou inétendus et purement dynamiques, ou adynamiques et exclusivement étendus, ou à la fois étendus et dynamiques. De ces trois hypothèses, les deux dernières sont irrationnelles, puisqu'elles supposent l'une et l'autre l'objectivité de l'étendue, contre laquelle s'élèvent tant d'arguments irréfragables. La première est donc la seule vraie, la seule qui se trouve actuellement réalisée dans l'univers. Par suite, tout corps est un composé de forces, et un composé de forces simples, puisque la simplicité est de l'essence de toute force. Nous revenons ainsi, par un long circuit d'observations et de raisonnements, au principe que Leibniz découvrit, il y a deux siècles, par la seule intuition du génie, et qui dominera désormais la philosophie de la nature.

A ce résultat de notre théorie on pourrait opposer l'opinion si populaire, que la matière est composée de particules simples et indivisibles, comme les forces que nous lui assignons nous-même pour éléments, mais qui, dans leur extrême petitesse, ont retenu la qualité de l'étendue, comme un attribut essentiel, sans lequel l'esprit humain ne peut ni ne doit les concevoir. C'est l'antique hypothèse de Leucippe et de Démocrite, reprise plus tard par Épicure qui en avait fait la base de son système, développée par Lucrèce en si beaux vers dans son poëme de la Nature des choses, et, depuis le commencement de ce siècle, en si grande faveur auprès des physiciens et des chimistes. Mais cette hypothèse, pour en reconnaître l'inanité, il suffit d'examiner, parmi ses prétendus titres scientifiques, ceux qu'on regarde avec raison comme les plus solides. Des expériences sans nombre, et dont l'exactitude est hors de doute, ont établi, sur les combinaisons moléculaires des corps, les deux lois suivantes : — 1° Lorsque deux corps se combinent dans des circonstances quelconques, de manière à former des composés doués de propriétés physiques et chimiques identiques, la combinaison a toujours lieu suivant des proportions invariables. Si l'un des corps a été employé en excès par rapport à l'autre, la quantité excédante reste libre. C'est la loi des proportions définies. — 2° Lorsque deux corps se combinent en plusieurs proportions, et que l'on rapporte la composition de ces combinaisons définies à un même poids de l'un des corps constituants, on trouve que les quantités pondérales de l'autre corps, dans les divers composés, sont entre elles dans des rapports très-simples. C'est la loi des proportions multiples. — Cela posé, disent les atomistes, la loi des proportions définies et celle des proportions multiples expriment des faits qui doivent s'expliquer par la constitution moléculaire des corps. Or cette explication est facile à trouver. Il suffit d'admettre que tous les corps sont composés de particules indivisibles ou atomes, unis entre eux par la force de cohésion dans les corps simples, par la force d'affinité dans les corps composés. Lorsque deux corps se combinent, pour former un composé unique, c'est qu'un atome de l'un s'unit à un atome de l'autre ; et dans le cas où un des composants se trouve en excès, cet excès doit rester libre, puisqu'il manque d'atomes corrélatifs pour s'y associer : ce qui explique la loi des proportions définies. Si, au lieu d'un composé unique, les deux corps considérés sont susceptibles d'en former plusieurs, alors un atome de l'un s'unit à un atome de l'autre, ou à deux, ou à trois, ou à quatre... et ainsi s'explique la loi des proportions multiples. Les deux lois fondamentales de la chimie suggèrent de la sorte l'hypothèse des atomes, et réciproquement, l'hypothèse des atomes explique ces deux lois fondamentales, qui lui communiquent, pour ainsi dire, leur certitude. — Mais, répliquerons-nous, cette origine de l'atomisme scientifique est précisément ce qui en révèle la faiblesse. En effet, ces lois dont il prétend rendre compte, par quel procédé la science les a-t-elle découvertes ? Par l'usage de la balance. C'est par les poids respectifs des corps simples qui forment des composés binaires, que la chimie a reconnu les rapports numériques qui règlent ces combinaisons. Dire que deux corps se combinent suivant des proportions définies et multiples, c'est dire que tel poids déterminé de l'un s'unit à un poids déterminé de l'autre, et que les poids divers d'un même corps, qui s'associent à un poids constant d'un autre corps, sont entre eux dans des rapports simples et rationnels. Ces lois ne concernent ainsi que des rapports pondéraux, et réciproquement, tant que ces rapports pondéraux subsistent, il en est de même des lois en question. Or, qu'on assigne des bornes à la division de la matière, ou qu'on la conçoive sans limite, les poids respectifs de chaque corps, qui représentent leurs quantités relatives dans une combinaison définie, restent les mêmes dans les deux cas. Par exemple, étant donné un poids d'azote, exprimé par 175 et susceptible de se combiner avec un poids d'oxygène exprimé par 100, je puis supposer indifféremment, et avec une égale vraisemblance, c'est-à-dire, sans contradiction aux lois des combinaisons chimiques, que les quantités de matière ainsi évaluées par la balance contiennent chacune un nombre fini d'éléments, ou qu'elles sont indéfiniment divisibles suivant la rigueur géométrique. Les rapports pondéraux qui les lient mutuellement n'interdisent aucune de ces deux suppositions; car ni l'une ni l'autre ne les altère. La chimie, sous ce point de vue, est donc neutre entre l'atomisme et ses adversaires. Et si on s'obstine à introduire cette hypothèse, grosse d'ailleurs par elle-même d'absurdités insoutenables, qu'on renonce du moins à alléguer en sa faveur ces belles lois de la nature qui en sont entièrement indépendantes [1].

Une autre conséquence de notre doctrine qu'il n'est pas inutile de signaler, bien qu'elle saute, pour ainsi dire, aux yeux, c'est que tous les êtres sont métaphysiquement homogènes. Tout être en effet est ou simple, ou composé. Or, s'il est simple, il est une force indépendante, et, s'il est composé, il est un système de forces associées. Dans les deux cas, la force seule est l'élément constitutif de l'être. Toutes les substances, quelles qu'en soient d'ailleurs les qualités spécifiques, sont donc mutuellement analogues, et peuvent exercer les unes sur les autres une influence réciproque. De là ces actions incessantes dont l'univers est le théâtre permanent, que la physique et la chimie étudient sous tant d'aspects divers, et dont elles tentent chaque jour, par tant d'artifices, de dégager les lois générales. De là aussi ces actions plus particulières, que les corps

---

[1] Voyez la note B à la fin du volume.

bruts exercent sur les corps organiques, et ceux-ci sur les âmes qui leur sont unies. De là enfin, comme on l'a vu plus haut, ces troubles singuliers qu'éprouve trop souvent l'intelligence humaine, quand l'action des organes cesse de conspirer avec l'action de l'âme, et dont quelques-uns infèrent si vainement l'identité du sujet pensant et du cerveau.

Les mêmes principes, qui nous ont conduit à la vraie théorie de l'étendue corporelle, nous suggèrent également l'explication de l'étendue incorporelle, c'est-à-dire, de l'espace. L'étendue corporelle, comme on vient de le voir, est un simple phénomène qui accompagne la réaction naturelle de cette force hyperorganique qu'on appelle l'âme, contre l'action des forces qui constituent les corps bruts, action dont l'âme est avertie par les forces organiques qui constituent notre propre corps. Mais si les forces organiques, dont le corps humain est le système, suscitent en nous l'apparence de l'étendue, quand elles agissent comme intermédiaires entre l'âme et la nature extérieure, ces mêmes forces, par leur action incessante sur l'âme même, à laquelle chacune est si intimement unie, pourraient-elles ne pas provoquer un phénomène analogue, dont il serait difficile à *priori* d'assigner les caractères spécifiques, mais qui doit infailliblement se rencontrer parmi les phénomènes psychologiques? Or c'est précisément ce qui arrive, et dont nous sommes sans cesse informés par la conscience. La réaction permanente de l'âme contre les forces organiques engendre à tout instant un phénomène homogène à celui de l'étendue corporelle. C'est le phénomène de l'étendue incorporelle, ou de l'espace pur, dans lequel nous localisons naturellement tous les corps. Seulement, comme cette manière d'entendre la nature de l'espace est purement hypothétique, il est nécessaire de faire voir qu'elle satisfait à la double condition de toute hypothèse, à savoir, d'expliquer tous les faits en question, et de les expliquer seule.

Actuellement, les faits dont il s'agit de rendre compte ne sont autres que les caractères mêmes de l'espace. Ces caractères sont de deux espèces : les uns, qu'on pourrait appeler objectifs, parce qu'ils sont essentiels à l'espace comme objet de la pensée; les autres que, par opposition, on peut appeler subjectifs, parce qu'ils sont relatifs au sujet pensant qui l'imagine. Parmi les premiers, je signalerai les suivants : — 1° L'espace est indéfini; car quel esprit tenterait seulement d'assigner des bornes à l'espace? Au-delà de l'espace s'étend encore l'espace. Comme Pascal l'a si bien dit, il est une sphère infinie, dont le centre est partout, et la circonférence nulle part. — 2° L'espace est homogène, c'est-à-dire, partout semblable à lui-même; car un mètre cube d'étendue, intercepté dans l'espace, est identique à un mètre cube d'étendue circonscrit dans toute autre région du même espace. Toutes les parties de l'espace sont de même nature, et c'est même, grâce à cette parfaite homogénéité, qu'il est l'objet de cette science si vaste et si féconde qu'on appelle la géométrie. Parmi les caractères subjectifs, je citerai ces deux : — 1° L'intuition de l'espace est liée à la perception ou à l'image de tout corps par une synthèse analytique *à priori;* car le jugement si familier à chacun de nous, que tout corps est dans l'espace, n'exprime-t-il pas un rapport logique entre l'intuition *à priori* de l'espace, et la perception actuelle ou possible d'un corps quelconque? — 2° L'espace est nécessaire; car, s'il est toujours permis de supposer le néant des corps, comment imaginer le néant de l'espace? L'existence de l'espace est toujours conçue comme nécessaire d'une nécessité absolue.

Or, ces divers caractères, je dis qu'ils sont essentiels à l'espace engendré de la manière que nous le supposons. D'abord, un tel espace doit nous paraître indéfini. Car, la réaction psychologique d'où naît cette apparence n'ayant pas été provoquée par les forces qui constituent les corps extérieurs, l'image consécutive ne saurait évidemment représenter aucun de ces corps en particulier. Dira-t-on qu'à tout le moins elle devrait représenter le corps organique qui en est la cause? Mais cela même est impossible. Car, selon notre hypothèse, l'action du corps organique sur l'âme est immmédiate, c'est-à-dire, indépendante du toucher et de la vue ; et sans le concours de ces deux sens nous ne saurions percevoir la forme d'aucun corps, pas même de celui qui nous est propre. Il en est ici de cette espèce d'étendue, comme de cette lumière subjective qui resplendit dans le champ visuel, quand la rétine entre subitement en vibration, soit par un coup violent sur la région de la tête où elle est logée, soit par l'afflux du sang dans le réseau qui la constitue, soit par toute autre cause différente ou plus générale. L'œil alors voit de la lumière, mais de la lumière qui n'éclaire aucun objet, pas même l'intérieur de l'œil. De même, dans la réaction interne qui suscite l'intuition de l'espace, nous apercevons autour de nous de l'étendue, mais de l'étendue qui ne correspond à aucun corps, et, par suite, doit nous sembler sans limites. — En second lieu, l'espace doit nous paraître absolument homogène. Car, pour que la pensée juge hétérogènes deux déterminations de l'étendue, il faut que, l'une et l'autre, elle les rapporte, par l'imagination ou par les sens, à deux corps distincts, qui les différencient par certaines propriétés ou accidents, dont la perception est une fonction exclusive de la vue ou du toucher. Mais où ces deux sens n'ont pu intervenir, et n'attestent la présence d'aucun corps, aucune circonstance particulière ne saurait diversifier l'intuition, et, par suite, l'homogénéité intrinsèque de l'espace est une conséquence nécessaire de l'origine que nous lui attribuons. — En troisième lieu, l'espace doit constamment nous apparaître comme la condition de possibilité ou d'existence de tout corps. Car l'intuition d'un espace sans limites étant un acte permanent de l'âme, et qui résulte de son union naturelle avec le corps, l'âme ne peut se représenter, hors de ce champ sans bornes, aucun être inétendu et purement dynamique; et, à plus forte raison, pensera-t-elle sous la même condition tout objet corporel, que les lois de la perception externe la contraignent d'imaginer comme doué d'une étendue propre. — Enfin, nous devons concevoir l'espace comme nécessaire. Car tout effort de la pensée pour le supposer anéanti n'est, de sa part, qu'une tentative impuissante pour annuler actuellement la réaction naturelle de l'âme contre le corps, cause immanente de l'intuition de l'espace, c'est-à-dire, pour rompre le lien inéluctable des deux natures, de la nature hyperorganique et de la nature organique.

Ainsi, notre hypothèse satisfait déjà sans peine à la première des conditions que la logique lui impose. Mais, de plus, il n'en est aucune autre qui ne succombe à cette épreuve, comme on va le voir par un rapide examen des trois opinions les plus plausibles qui se soient produites depuis vingt-cinq siècles, touchant la valeur objective de la notion d'espace.

La première et la plus ancienne, puisqu'elle date presque de la naissance de la philosophie grecque, est celle qui attribue à l'espace une réalité propre et indépendante des corps, dont il diffère alors comme le contenant diffère du contenu. C'est l'opinion de Leucippe, de Démocrite, d'Épicure, de la plupart des physiciens, et, en général, de tous ceux qui admettent les atomes, dont l'espace est, pour ainsi dire, le corrélatif. Or, sans m'engager dans une critique détaillée et d'ailleurs inutile de tous les arguments qu'on peut alléguer à l'appui de cette assertion, je lui oppose tout d'abord une objection radicale, à laquelle je défie ceux qui la soutiennent de répondre par une réplique péremptoire. C'est l'impossibilité d'expliquer le caractère de nécessité absolue inhérent à la notion d'espace, et son rôle métaphysique dans l'exercice de la pensée. Il est au dessus de l'intelligence humaine, non seulement de concevoir le néant de l'espace, mais de penser quoi que ce soit, sans se le représenter avec plus ou moins de netteté dans l'espace. Voilà un fait que m'accordera facilement tout homme tant soit peu accoutumé à réfléchir, et à s'observer soi-même durant le travail de la méditation intérieure. Nous sommes invinciblement déterminés à nous figurer par l'imagination, sous une forme sensible, les objets mêmes qui, par leur essence, semblent le moins susceptibles de s'assujettir à cette condition, telle que l'âme humaine, et, en général, tout être purement dynamique. Eh bien! je prétends que ce phénomène qui, sans doute, n'est pas un effet sans cause, est absolument inexplicable, si l'espace est autre chose qu'un mode subjectif de notre être. Car, je vous prie, comment comprendre que le sujet pensant, qui assurément est inétendu, ne puisse agir selon sa nature, c'est-à-dire, exercer la fonction de la pensée, sans l'intuition de cet indéfini, dont on le suppose néanmoins substantiellement distinct? Quelle relation unirait l'une à l'autre deux réalités si différentes? Je comprends et j'accorde, sans hésiter, qu'après examen et démonstration, l'intelligence humaine doive reconnaître un espace nécessaire, si un tel espace existe véritablement. Mais ce que je ne puis concevoir, c'est que cette nécessité s'impose à elle *à priori*, la domine à tout instant, et la rende entièrement incapable de juger, d'abstraire, de généraliser, de raisonner, en un mot, d'exécuter aucune opération intellectuelle, la plus humble comme la plus élevée, sans que l'espace en soit littéralement le support. Au contraire, dans notre hypothèse, le mystère s'explique à merveille; car alors l'intuition de l'espace résultant de la réaction perpétuelle de l'âme contre le corps, l'âme elle-même ne saurait, par aucun artifice, s'affranchir de cette loi primordiale de son être, qui préside naturellement à toutes ses opérations, et commande, en quelque sorte, toute la vie psychologique.

Cependant on insiste et on nous dit : L'espace est la condition fondamentale du mouvement; car le mouvement est le transport de tel ou tel corps à travers l'espace, d'un point à un autre de ce même espace. Nier la réalité objective de l'espace, c'est donc nier la réalité objective du mouvement, c'est-à-dire, le plus général et le plus incontestable de tous les phénomènes de la nature. — Mais en vérité, ce rappel si pressant à l'expérience, n'est-il pas au fond une hypothèse arbitraire sur la nature métaphysique du mouvement? Si, comme nous l'avons démontré tout à l'heure, tous les êtres simples ou composés sont des forces, leurs modes respectifs et leurs rapports mutuels, envisagés en soi, et sans aucun regard à la sensibilité et à l'imagination humaines, ne sont et ne peuvent être que des modes et des rapports purement dynamiques, absolument indépendants de toute étendue limitée ou indéfinie, mais qui, en vertu des lois suivant lesquelles l'âme communique avec le corps et avec les autres êtres, ne se révèlent jamais à nous sans la perception ou l'intuition de l'étendue. Seulement comme, en définitive, le phénomène de l'étendue limitée résulte de l'action des forces extérieures sur nos organes, et le phénomène de l'étendue indéfinie de l'action des forces organiques sur l'âme, il doit exister entre les actions et les relations dynamiques des forces d'une part, et de l'autre, les modes et les rapports sensibles des choses, tels qu'ils nous apparaissent dans le champ de l'observation, une corrélation intime, qui est proprement celle de la cause à l'effet. C'est ainsi que de l'essence propre des éléments chimiques d'un composé dépend naturellement sa forme cristalline; que l'énergie de la pesanteur, en un lieu quelconque du globe, est toujours en rapport avec la vitesse, après la première unité de temps, du mobile soumis à son action; et que les causes dynamiques des mouvements planétaires se trahissent par la forme géométrique de ces mouvements. Il en est du système de l'univers considéré au point de vue de la force, à l'égard du système de ce même univers envisagé au point de vue de l'étendue, comme de l'équation d'une courbe à l'égard de cette courbe même, dont la forme et la marche sont déterminées *à priori* par l'équation, bien que celle-ci, en tant qu'expression algébrique, soit indépendante de la courbe, et même, à ce titre, jouisse de certaines propriétés non susceptibles d'une interprétation géométrique, comme de pouvoir être satisfaite par des racines imaginaires. Le mouvement dans l'espace, comme tout autre phénomène sensible, n'est donc rien de plus que le signe visible d'actions invisibles, et de changements non moins inaccessibles à nos organes, dans le mode de coexistence des forces. Je dis dans le mode de coexistence des forces, au lieu de dire dans leur ordre de coexistence : parce que la première de ces deux locutions n'implique aucune hypothèse sur la loi qui règle cette coexistence, tandis que la seconde, faisant image dans la pensée, semble attribuer aux forces une simultanéité locale qui répugne à leur essence inétendue. Quoi qu'il en soit, le vrai sens de l'objection ne peut être que je nie le mouvement, comme signe perceptible à nos organes d'une mutation dynamique qui leur échappe. Car le mouvement ainsi défini, j'en reconnais expressément la réalité, qui est un fait incontestable. Elle signifie que je nie le mouvement, comme modification d'une étendue objective dans un espace absolu. Et je rejette en effet cette opinion. Car ce serait revenir à l'hypothèse déjà réfutée, que l'étendue est une qualité essentielle des corps.

Une autre doctrine, qu'il ne nous est pas permis de passer sous silence, tant à cause du grand nom de son auteur que du crédit dont elle jouit encore de nos jours, est celle de Leibniz. « Pour moi, dit Leibniz dans sa correspon« dance avec Clarke, j'ai remarqué plus d'une « fois que je tenais l'espace pour quelque « chose de purement relatif comme le temps, « pour un ordre de coexistence, comme le

« temps est un ordre de succession. Car l'es-
« pace marque en termes de possibilité un ordre
« des choses qui existent en même temps, en
« tant qu'elles existent ensemble, sans entrer
« dans leurs manières d'exister. Et lorsqu'on
« voit plusieurs choses ensemble, on s'aperçoit
« de cet ordre des choses entre elles. » Mais
Clarke, invoquant l'homogénéité mathématique
de l'espace, ne manque pas de lui répondre
que « l'espace et le temps sont des quantités,
« ce qu'on ne peut dire de la situatioin et de
« l'ordre. » A quoi Leibniz réplique à son tour :
« Quant à cette objection, que l'espace et le
« temps sont des quantités, ou plutôt des
« choses douées de quantité, et que la situa-
« tion et l'ordre ne le sont point, je réponds
« que l'ordre a aussi sa quantité. Il y a ce qui
« précède et ce qui suit ; il y a distance ou
« intervalle. Les choses relatives ont leur quan-
« tité aussi bien que les absolues. Par exemple,
« les raisons ou proportions dans les mathéma-
« tiques ont leur quantité et se mesurent par
« les logarithmes ; et cependant ce sont des
« relations. Ainsi, quoique le temps et l'espace

« consistent en rapports, ils ne laissent pas « d'avoir leur quantité. » Mais, de la part de ce subtil et pénétrant esprit, cette réplique est aussi faible que sa thèse est inexacte. Considérez en effet un de ces globes artificiels, dont on se sert pour figurer le sphéroïde terrestre, et sur lequel on a marqué, chacun par un signe particulier, les points les plus remarquables de sa surface. Le système de ces points est précisément ce que Leibniz appelle leur ordre de coexistence. Or à l'aide de quels éléments est-on parvenu à les déterminer ? Personne ne l'ignore. A l'aide de ces deux quantités angulaires que les astronomes nomment la longitude et la latitude du point considéré, c'est-à-dire, à l'aide de deux déterminations de l'espace. Au lieu donc de soutenir que l'espace peut se définir par l'ordre de coexistence des choses, Leibniz devrait reconnaître que l'ordre de coexistence des choses se définit au contraire par les déterminations de l'espace. C'est d'ailleurs ce qu'indiquait d'avance la loi objective de la connaissance. Car, si Leibniz avait raison, à la notion d'étendue, qui est l'un des deux éléments de notre loi, il faudrait substituer l'idée d'ordre, à laquelle il prétend réduire le concept d'espace. Erreur manifeste, qu'il est inutile de réfuter plus amplement.

Au reste, cette erreur de Leibniz, sur la nature métaphysique de l'espace, a sa source dans une autre encore plus profonde, et qu'il importe de signaler, je veux dire, dans une fausse idée de la nature de la force en général. Suivant Leibniz, on le sait, tous les êtres sont des forces. « La substance, dit-il, « est un être capable d'action. Elle est simple « ou composée. La substance simple est celle « qui n'a point de parties : la composée est « l'assemblage de substances simples. » C'est affirmer, comme on voit, le principe fondamental du dynamisme avec une netteté et une précision qui semblent prévenir d'avance toute incertitude et toute équivoque. Mais dès qu'il en vient à expliquer la nature de ces forces simples dont il compose tous les êtres, Leibniz déchoit aussitôt, sous l'influence cartésienne, de cette première et sublime inspira-

tion de son génie. « On est obligé de con-
« fesser, dit-il, que la perception et ce qui en
« dépend est inexplicable par des raisons mé-
« caniques, c'est-à-dire, par les figures et par
« les mouvements; et feignant qu'il y ait une
« machine dont la structure fasse penser, sen-
« tir, avoir perception, on pourra la concevoir
« agrandie, en sorte qu'on y puisse entrer
« comme dans un moulin. Et cela posé, on ne
« trouvera en la visitant au dedans, que des
« pièces qui se poussent les unes les autres,
« et jamais de quoi expliquer une perception.
« Ainsi, c'est dans la substance simple et non
« dans le composé ou dans la machine qu'il
« la faut chercher. Aussi n'y a-t-il que cela
« qu'on puisse trouver dans la substance
« simple, c'est-à-dire les perceptions et leurs
« changements. C'est en cela seul aussi que
« peuvent consister toutes les actions internes
« des substances simples. » Des perceptions
et leurs changements, voilà donc, de l'aveu
même de Leibniz, les seules modalités possibles des substances simples : ce qui revient à
dire que l'énergie de la force consiste exclu-

sivement dans la pensée, dans la pensée sans conscience, ou dans la pensée avec conscience. Mais le propre de la pensée c'est de représenter les objets et leurs rapports, comme l'avaient très-bien compris Descartes et ses disciples. Donc l'âme, qui est une force, mais une force dont toute l'essence est de penser, ne peut ni agir sur son propre corps ou aucun de ceux qui l'entourent, ni réciproquement en recevoir aucune influence qui la modifie. Donc elle ne saurait ni engendrer le phénomène de l'étendue corporelle par sa réaction contre les corps extérieurs, ni pareillement susciter l'intuition de l'étendue incorporelle par sa réaction contre les forces organiques : et par suite, à cause de l'antagonisme radical de l'étendue et de la force, qui ne permet pas de supposer un seul instant leur coexistence dans un même sujet, il reste que l'étendue soit *un composé, une répétition, une multitude,* et l'espace *un ordre de coexistence.* Ce qui ne s'accorde, ni avec les caractères de l'étendue visible et palpable, qui est autre chose qu'un composé, ni avec les caractères de l'étendue incorporelle, qui est une grandeur continue et homogène, et que présuppose d'ailleurs la définition rationnelle de cet ordre de coexistence, auquel on tente vainement de l'assimiler.

Mais, de toutes les solutions du problème, la plus remarquable, sans contredit, est celle de Kant. Ce grand penseur qui avait tant réfléchi sur les conditions primordiales de la pensée, parmi lesquelles la notion d'espace lui parut avec raison une des principales, soupçonna le premier, avec une sagacité au-dessus de tout éloge, que l'espace ne saurait être, ni un objet extérieur à nous, comme le supposent les physiciens, ni l'ordre de coexistence des choses, comme l'avait prétendu Leibniz, mais qu'il doit être considéré comme un simple mode du sujet pensant. — « La géométrie, dit-il, est
« une science qui détermine les propriétés de
« l'espace synthétiquement, et néanmoins *à
« priori*. Or que doit être la représentation
« de l'espace, pour qu'à son égard une con-
« naissance de cette espèce soit possible? Une
« intuition primitive. Car d'un simple con-
« cept ne peuvent se déduire des propositions

« qui dépassent ce concept, ce qui pourtant
« arrive en géométrie. De plus, cette intuition
« doit se trouver en nous *à priori*, antérieu-
« rement à la perception d'un objet quelcon-
« que, et par suite, est une intuition pure,
« indépendante de l'expérience. Car les pro-
« positions géométriques sont toutes apodic-
« tiques, c'est-à-dire, accompagnées de la cons-
« cience qu'elles sont nécessaires, comme, par
« exemple, celle-ci, que l'espace a trois di-
« mensions. Et des propositions de cette na-
« ture ne peuvent être ni des données de
« l'expérience ou des jugements suscités par
« elle, ni des conséquences qu'on en ait dé-
« duites. Or de quelle manière peut résider
« dans l'âme une intuition extérieure, qui pré-
« cède la perception des objets mêmes, et
« dans laquelle le concept de ces objets est
« susceptible d'être déterminé *à priori?* Évi-
« demment, ce ne peut être que comme pro-
« priété formelle du sujet d'être affecté par
« les objets, et, par là, d'en acquérir une re-
« présentation immédiate, c'est-à-dire l'intui-
« tion, conséquemment, comme la forme du

« sens externe en général. » — L'espace, pour Kant comme pour nous, est donc essentiellement une affection psychologique. Mais cette affection, quelle en est précisément la nature ? « Elle est, dit Kant, une propriété formelle du « sujet pensant d'être affecté par les objets. — » Ce qui signifie sans doute, que l'intuition de l'espace est une propriété primitive et essentielle de la pensée humaine, dont on ne peut définir le rapport avec l'âme en termes plus explicites, mais qui n'en est pas moins une modalité de sa substance, puisqu'il est impossible de tenir l'espace pour un objet extérieur, à moins de susciter contre soi une série de contradictions et d'absurdités. Or il s'en faut bien que cet argument, si naturel et si décisif en apparence, soit une preuve suffisante de l'hypothèse. L'espace assurément, l'espace pris en soi, n'est rien de plus qu'une simple modalité du sujet pensant. Mais cette modalité est d'une espèce si particulière, qu'avant de la reconnaître comme telle, on est en droit d'exiger quelque chose de plus que pour la détermination des autres propriétés de l'âme. Quand je dis de l'âme, qu'elle est capable de sentir et de vouloir, c'est assez, pour justifier cette assertion, que, parmi les phénomènes psychologiques, je constate actuellement des sensations et des volitions ; car le sentir et le vouloir, loin d'éveiller aucune idée contradictoire à l'essence propre de l'âme, lui conviennent au contraire parfaitement. Mais quand j'affirme de cettte même âme, qu'elle engendre et tire de son propre fonds l'intuition de l'espace, je suis tenu d'expliquer le comment du phénomène, ou du moins de faire concevoir la possibilité du mode que je propose; car en fait, l'intuition de l'espace représente un objet dont toutes les propriétés répugnent à la nature du moi pensant. Voilà une condition implicite du problème, que la théorie kantienne élude visiblement, et à laquelle la nôtre satisfait sans embarras et en toute rigueur. C'est que notre doctrine dérive non-seulement de la reconnaissance des caractères de l'espace, que Kant invoque avec raison à l'appui de son hypothèse, mais encore de la double solution, et du problème général de la nature de l'âme, et du problème plus particulier de la nature de l'étendue tactile. Et comme ces deux théories pouvaient seules suggérer l'interprétation dynamique de l'espace, on ne doit pas s'étonner si, à peine sur le chemin de la vraie solution, Kant s'arrête et se détourne aussitôt, pour suivre l'étroit sentier qui le mène au scepticisme.

Cette objection contre l'hypothèse de Kant sur la nature métaphysique de l'espace ne pèse pas seulement sur ce point particulier de son système : elle le presse et le pénètre tout entier. En effet, bien que, parmi les conditions primordiales de la pensée, Kant admette, au même titre, l'intuition de l'espace et celle du temps, il incline cependant à faire prédominer l'intuition de l'espace sur l'intuition du temps, et en reconnaît même expressément la suprématie. « Un fait bien digne d'attention, dit-il,
« c'est notre impuissance à concevoir par les
« catégories seules la possibilité de quoi que
« ce soit, et la nécessité d'avoir toujours à notre
« aide une intuition qui nous rende sensible
« la réalité objective du concept purement in-

« tellectuel... Mais il est plus remarquable en-
« core que, pour comprendre la possibilité
« des choses conformément aux catégories, et
« par suite, pour établir la réalité objective des
« catégories, nous avons besoin, non-seulement
« d'intuitions, mais même constamment d'in-
« tuitions extérieures. Par exemple, si nous
« considérons les concepts purs de relation,
« nous remarquons : 1° que pour donner au
« concept de substance son corrélatif dans l'in-
« tuition, à savoir, quelque chose de perma-
« nent, il nous faut recourir à une intuition
« dans l'espace (à l'intuition de la matière),
« parce que l'espace seul offre la détermina-
« tion du permanent, au lieu que le temps et
« tout ce qui est du ressort du sens intime est
« dans un flux perpétuel; 2° que pour préciser
« l'idée du changement, en tant qu'intuition
« correspondante au concept de causalité, nous
« sommes contraints de prendre pour exemple
« le mouvement qui est un changement dans
« l'espace. Le changement est une relation
« entre deux déterminations contradictoires
« dans l'existence d'une seule et même chose.

« Mais comment il se fait, que d'un état donné
« suive un état contraire dans le même être,
« c'est ce qu'aucune raison ne saurait conce-
« voir, non-seulement sans un exemple, mais
« encore sans le secours de l'intuition; et cette
« intuition est le mouvement dans l'espace d'un
« point déterminé, dont l'existence, en divers
« lieux, peut seule nous fournir l'intuition du
« changement. Et même, pour penser les chan-
« gements intérieurs, nous sommes contraints
« de nous figurer par une ligne le temps, qui
« est la forme du sens intime; ne pouvant nous
« rendre le changement intelligible qu'en tra-
« çant cette ligne imaginaire, et suivre la sé-
« rie des moments successifs de notre existence
« qu'à l'aide de l'intuition externe; dont la
« raison est proprement, que tout changement
« suppose quelque chose de permanent, même
« pour n'être perçu qu'à titre de changement,
« et que dans le sens intime ne s'opère jamais
« l'intuition du permanent. Enfin, pour ce qui
« est de la catégorie de corrélation, on ne sau-
« rait en comprendre la possibilité par la rai-
« son pure, et, par suite, en apercevoir la réa-

« lité objective, sans une intuition, et encore
« sans une intuition dans l'espace. Car com-
« ment voir par la pensée pure que, si plu-
« sieurs substances coexistent, de leur exis-
« tence respective doit résulter une certaine
« influence de chacune sur les autres, et que
« de cela seul qu'une chose se rencontre dans
« l'une d'elles, il doit se trouver dans les au-
« tres quelque chose qui ne peut être compris
« que par l'existence de ces dernières? Car la
« corrélation exige précisément cette condi-
« tion, que pourtant nous sommes incapables
« de concevoir entre des êtres qui subsistent
« par eux-mêmes, chacun d'une existence en-
« tièrement distincte. De là vient que Leibniz,
« qui attribuait à toutes les substances de l'u-
« nivers, telles que les conçoit l'entendement
« seul, une mutuelle correspondance, eut be-
« soin pour cela de l'intervention divine : cette
« harmonie lui paraissant avec raison incon-
« cevable, par le seul fait de leur existence
« respective. Pour nous, il ne nous est pas
« difficile de nous rendre intelligible une re-
« lation de cette espèce entre les substances.

« Il suffit de nous la représenter dans l'espace,
« conséquemment dans l'intuition externe. Car
« l'espace contient déjà *à priori*, des rapports
« extérieurs formels, comme conditions de la
« possibilité des rapports réels (d'action et de
« réaction, et par suite de corrélation). Il n'est
« pas moins aisé de faire voir que la possibilité
« des choses comme quantités, et par suite la
« réalité objective de la catégorie de quantité
« ne peut nous apparaître avec évidence que
« dans l'intuition externe, et que celle-ci est
« comme le moyen terme que requiert l'appli-
« cation de la catégorie au sens intime. Mais
« je dois laisser au lecteur le soin d'en cher-
« cher des exemples. » Comme on le voit par
ce passage, l'espace, de l'aveu même de Kant,
remplit dans l'exercice de la pensée un rôle
constant et universel. Mais d'un autre côté,
l'unique raison dont il s'autorise, pour refuser
aux catégories ou concepts de l'entendement
une certitude absolue et indépendante de nos
moyens de connaître, c'est qu'en fait, ces concepts ne reçoivent une signification claire et
précise que des intuitions, c'est-à-dire de l'in-

tuition de l'espace, à laquelle il subordonne l'intuition même du temps. Or, de la critique précédente, et mieux encore de notre théorie, il suit que l'hypothèse de Kant, sur la nature métaphysique de l'espace, est inexacte et inadmissible. Donc, il nous est permis de contester et de repousser la conclusion générale de sa doctrine, à savoir : « que cet ordre et cette ré-
« gularité des phénomènes que nous appelons
« la nature, c'est de nous-mêmes que la reçoi-
« vent les phénomènes, et qu'il nous serait
« impossible de les reconnaître en eux, s'ils
« ne les tenaient de la nature de notre esprit;
« que l'entendement humain n'est pas seule-
« ment la faculté dont l'homme est doué d'in-
« duire les lois naturelles de la comparaison
« des phénomènes, mais qu'il est le législateur
« même de la nature, ou en d'autres termes,
« que sans l'entendement, il n'y aurait abso-
« lument aucune nature, c'est-à-dire aucune
« unité synthétique de la diversité des phéno-
« mènes suivant des règles. » De plus, l'interprétation dynamique de l'espace, qui seule révèle et corrige l'erreur de Kant, n'est qu'une

application particulière du dynamisme psychologique. Par conséquent, l'activité propre du sujet pensant, attestée par le témoignage de la conscience, voilà non-seulement le principe du dogmatisme métaphysique, mais encore la base nécessaire de toute réfutation rigoureuse du scepticisme le plus redoutable qui fut jamais ; voilà le point fixe, autour duquel tourna Descartes, sans pouvoir le discerner et s'y asseoir ; voilà l'écueil, contre lequel doivent tôt ou tard, par une inévitable destinée, frapper et se briser tous les systèmes qui méconnaissent les lois éternelles de la pensée et de l'être [1].

La doctrine que nous venons d'exposer fournit une solution aussi simple que rigoureuse du problème général de la valeur objective de nos connaissances. D'une part, d'après la loi objective de la connaissance, toutes les idées scientifiques se ramènent aux notions de force et d'étendue, seules vraiment primordiales et irréductibles ; et d'autre part, d'après

---

[1] Voyez la note C à la fin du volume.

l'examen approfondi que nous venons de faire subir à ces deux notions, la notion de force représente l'élément substantiel des êtres, et celle d'étendue un mode purement subjectif de notre nature. Par conséquent, la conclusion naturelle de tout ce qui précède, c'est que la connaissance scientifique est certaine d'une certitude absolue, en tant qu'elle se rapporte à la notion de force, et qu'au contraire, en tant qu'elle se rapporte à la notion d'étendue, elle n'est certaine que d'une certitude relative. L'univers est un dynamisme immense, qui se compose d'une infinité de forces simples. Quel est le mode de coexistence de ces forces, et à quelles lois exclusivement dynamiques est assujetti le système qu'elles constituent, c'est ce qu'ignorera toujours l'intelligence humaine, soumise, dans toutes ses opérations, à la loi de l'étendue, et incapable de penser ni les êtres, ni leurs rapports, sans se les figurer sous une image sensible. Mais cette hétérogénéité de la force et de l'étendue n'empêche pas qu'en fait les déterminations de la première ne règlent constamment les déterminations de la seconde, et qu'ainsi la connaissance relative ne se rattache, par la plus intime connexion, à la connaissance absolue. Il y a une raison naturelle pour que l'âme humaine, par sa réaction interne contre les forces organiques, engendre l'intuition de l'espace, et pour que, de leur côté, les corps perçus par nos sens provoquent en nous ces déterminations diverses de l'étendue tactile et optique, qui nous les font apparaître chacun sous sa forme spécifique. Et cette raison évidemment ne peut être qu'une propriété intrinsèque des forces mêmes qui coexistent ainsi dans un commerce réciproque; puisque les forces sont les seules causes assignables des phénomènes. C'est d'ailleurs ce que l'expérience confirme à tout instant. Car, dans la perception tactile, l'âme ne voit pas seulement par la pensée l'image de l'objet touché, comme elle la voit dans le recueillement et la méditation, lorsqu'elle l'évoque par le souvenir, ou la suscite par un effort d'imagination. Elle sent la présence du corps même, c'est-à-dire, l'action qu'il exerce sur elle par l'intermédiaire des organes. Or cette action n'est pas identique, quand la main, au contact d'un cube ou d'une pyramide, en explore les arêtes et les angles; et quand elle se promène sur une sphère ou sur un cylindre. Le mode de la résistance éprouvée varie toujours avec les accidents de la figure qui s'offre à l'attouchement: correspondance inexplicable, si la forme que nous attribuons à tel ou tel corps ne dépend pas, dans l'absolu des choses, de la loi qui lie entre eux ses éléments dynamiques, et si, dans cette représentation mentale de la nature, celle-ci ne fournit pas le dessin du tableau, comme l'âme en fournit la toile. Seulement, cette corrélation perpétuelle qui, dans les êtres composés, unit l'élément objectif de la force à l'élément subjectif de l'étendue, il ne nous sera jamais donné d'en pénétrer le mystère. Nous ne saurons jamais pourquoi les forces ne se révèlent à nous que dans un espace imaginaire, et en des corps d'apparence figurée, où nos sens et notre imagination les localisent. C'est une dynamique transcendante qui surpasse l'intelligence humaine, trop heureuse de ne pas être éternellement condamnée à confondre, dans ses jugements métaphysiques, le phénomène, qui n'est que relativement à nous, avec l'être en soi qui en est indépendant, et de pouvoir du moins acquérir la certitude, que tout ce qui tombe sous nos sens tire toute sa réalité d'un monde intelligible, dont ce monde visible est la dérivation et l'image.

Les deux restrictions qui limitent la certitude absolue de la connaissance humaine, à savoir, la subjectivité propre de l'étendue, et l'impossibilité radicale pour notre raison de déduire *à priori* l'existence de l'étendue de l'essence même de la force, ces deux restrictions soulèvent naturellement cette question : Existe-t-il une intelligence affranchie de cette double condition, c'est-à-dire, capable tout ensemble, et de connaître tous les êtres selon leur essence, en tant que forces pures, et d'assigner à tout instant la part respective de ces forces dans le phénomène général de l'étendue, qu'elles provoquent ou engendrent par leur action? C'est le problème de l'existence de Dieu, agité depuis tant de siècles par toutes les grandes écoles métaphysiques, mais dont la solution rigoureuse, si elle est possible, ne peut sortir, j'ose le dire, que de la doctrine du dynamisme universel.

En effet, suivant cette doctrine, le monde est un système de forces simples qui s'influencent incessamment par une action réciproque, et suivant des lois purement dynamiques. Mais ce système, comme on vient de le voir, ou seulement telle de ses parties, à laquelle on peut s'attacher de préférence, ne se révèle à la pensée que sous la condition de l'étendue, dont toute loi physique est une fonction plus ou moins explicite. Ainsi le problème général de l'astronomie, le plus sublime peut-être qu'ait encore résolu l'esprit humain, consiste à s'élever des formes géométriques des mouvements planétaires aux forces primordiales dont ils procèdent, et réciproquement, à redescendre de ces forces primordiales, définies par un certain mode d'action, qui lui-même encore est une fonction de l'étendue, aux mouvements des corps célestes, tels qu'on les a constatés par l'observation.

Et dans la science même de l'âme qui, par la nature métaphysique de son objet, semble exclure absolument toute détermination de l'étendue idéale ou réelle, la pensée hésite et chancelle à chaque pas, si elle ne revient à tout instant et ne se reprend, pour se soutenir, à ses propres incarnations dans l'espace. La science humaine est donc l'œuvre, non précisément de la raison, dont le propre évidemment est de connaître la force avec la force seule, mais d'une intelligence raisonnable, qui au concept de la force pure doit associer, dans tous ses jugements, une intuition auxiliaire, et de plus, comme objet de l'imagination ou des sens, entièrement hétérogène à la force. Mais quoi ! n'existe-t-il aucune intelligence, qui soit non-seulement raisonnable, mais la raison même? La pure essence des choses qui déjà, dans le champ de l'étendue, se traduit par tant de merveilles, à la lumière de ce soleil visible, est-elle inaccessible à tout regard, plongée, de toute éternité, en des ténèbres sacriléges? Cette nature qui s'ignore, qui ne sait pas qu'elle est digne du regard d'un Dieu, retient-elle en soi, comme dans un abîme, le principe interne de sa beauté, sans aucun témoin qui le voie de la claire vue, qui le contemple à découvert et sans voiles ? Pour moi, cette pure intelligence, à qui est présent tout intelligible, qu'elle embrasse et pénètre sans effort par une intuition toute-puissante, j'essaye en vain de supposer sa non-existence : contraint par une évidence irrésistible de reconnaître que, de la part d'un être pensant, le comble de la déraison est de supposer que la raison n'est pas.

La même conclusion se déduit encore de l'existence et de la corrélation des forces cosmiques. Ces forces en effet, ou sont par elles-mêmes d'une existence éternelle et nécessaire : c'est le système de l'athéisme. Ou elles dérivent par émanation d'une substance unique qui en est la source : c'est le système du panthéisme. Ou enfin, elles tiennent chacune leur être propre d'une cause première et indépendante : c'est le système du théisme. Or de ces trois hypothèses, sur l'origine des forces cosmiques, la première implique visiblement contradiction. Car si toute force, en tant que force, possède une substance propre et distincte de toute autre, comment concevoir que des forces distinctes, éternelles, nécessaires, c'est-à-dire, qui, avec l'indépendance de substance, ont encore l'indépendance d'origine, comment concevoir que, dans l'état actuel de la nature, elles se trouvent unies par tant de rapports, que la science découvre et formule de jour en jour ? Comment se fait-il que les unes aient pu former des centres cosmiques, tandis que d'autres gravitent autour de ces centres, comme nous l'apprend l'astronomie ; que celles qui composent les corps pondérables, ou la matière de l'électricité, du calorique et de la lumière, s'influencent de tant de manières, soit par des actions mutuelles entre éléments de même espèce, soit par un conflit entre éléments hétérogènes, comme l'attestent la physique et la chimie ; enfin, qu'elles se coordonnent suivant des formes définies, de manière à constituer, tantôt des minéraux dont la figure est réglée par des lois géométriques, et tantôt des plantes et des animaux, d'une économie bien autrement complexe, et dont l'artifice défie à jamais la puissance et la sagacité du génie, sans lasser jamais son admiration et sa patience ? Comment expliquer que cette correspondance se soutienne entre les forces les plus dissemblables, comme le prouve ce commerce perpétuel, entre les forces douées de raison et de libre arbitre, et les forces inconscientes et brutes; celles-ci auxiliaires naturels des premières et objet le plus ordinaire de leur action, celles-là capables de les modifier de tant de manières, et de les assujettir à tant de conditions artificielles ? Les athées ont beau dire. L'athéisme fléchit et succombe devant le principe inéluctable de la distinction des forces, que leur impose le dynamisme, mais qu'en vertu de leur hypothèse, ils sont obligés d'exagérer jusqu'à l'indépendance d'origine, et que dès lors ils ne peuvent concilier avec le fait tout aussi certain de l'harmonie universelle. Et cela est si vrai, que c'est précisément cette impuissance, qui suscite contre eux l'hypothèse adverse du panthéisme. Autre erreur cependant, à laquelle le même principe de la distinction des forces, ou plus généralement, de l'étendue et de la force, oppose encore une invincible barrière. Car cette substance unique, d'où s'échappent en nombre infini tous les êtres qui composent l'univers, elle est une force sans doute, puisqu'elle est la source de toute action comme de tout être, et que d'ailleurs, comme on l'a vu, la force est la caractéristique de la substance. De là impossibilité manifeste, qu'elle se divise et s'épanche dans l'immensité de l'espace : cette division en éléments identiques ou analogues ne pouvant convenir qu'à l'étendue, dont tous les attributs répugnent à la force. Il faut donc revenir, de cette vaine idole qu'on nous propose comme le Dieu de la raison, et qui n'est que le Dieu de l'imagination encore sous la sujétion des sens, à un Dieu distinct du monde, à ce Dieu que l'âme humaine, aux époques mêmes de scepticisme et de défaillance, n'a jamais cessé de revendiquer comme le vrai Dieu de la nature et de l'humanité. L'homogénéité des forces cosmiques s'explique par son unicité; leur variété, par sa toute-puissance; leur harmonie, par sa sagesse. Et c'est de lui seul, qu'on peut dire à juste titre, avec le grand apôtre du christianisme, qu'il n'est pas loin de chacun de nous, et qu'en lui nous avons l'être, la vie et le mouvement. *In illo vivimus, et movemur, et sumus* [1].

Contre cette solution, seule d'accord avec l'harmonie sensible des forces cosmiques, on objectera sans doute qu'elle ne satisfait à l'expérience, que pour contredire la raison. Car dans l'hypothèse d'un Dieu créateur, le monde ne dérive, ni de la substance divine, puisqu'il en est absolument distinct, ni d'une matière préexistante, puisqu'il est l'œuvre exclusive de Dieu : double restriction, qui affranchit l'opération divine de la condition rationnelle, que rien ne vient de rien. A quoi je réponds, que le dogme de la création, entendu comme il doit l'être, signifie, non que Dieu a tiré le monde du néant, ce qui en effet n'a pas de sens, mais qu'il l'engendre, de toute éternité, sans aucune dimi-

---

[1] Voyez la note D à la fin du volume.

nution ni altération de sa substance, par une action unique en son genre, et dont la connaissance nous est interdite, comme soumise à des conditions, auxquelles la raison humaine ne peut satisfaire. Notre raison en effet ne saurait concevoir ou connaître quoi que ce soit, s'il n'a quelque rapport avec tel ou tel objet, qui tombe sous l'intuition du sens intime, ou la perception des sens externes. Ainsi nous avons quelque idée de la force, parce que notre âme se connaît elle-même comme force; de la substance, parce qu'elle se sent identique dans la variété de ses actes; de l'étendue, parce qu'elle l'engendre comme espace, par son activité propre, ou comme figure, par sa réaction contre les forces extérieures; du mouvement, parce qu'elle le produit ou l'observe à tout instant; des saveurs, des odeurs, des sons, des couleurs, parce que tous ces phénomènes sont autant d'affections dont elle est capable, et à chacune desquelles il lui serait impossible de s'initier par une autre voie que par celle de l'expérience immédiate. Il est donc naturel que cette même âme, qui est une force finie, qui est engagée dans les liens du corps, au point de perdre quelquefois, par les accidents qui l'affectent, jusqu'à la conscience d'elle-même, qui n'a de puissance que pour agir ou réagir contre des forces antagonistes et dont elle n'est pas la cause, il est naturel qu'elle ne voie que ténèbres dans l'acte créateur, qui procède au contraire d'une force infinie, indépendante de tout ce qui n'est pas elle, et cause première de toute existence par la seule énergie de son action. D'ailleurs, la difficulté dont il s'agit est-elle la seule de cet ordre que la raison humaine ne puisse résoudre? Aucun phénomène ne nous est plus familier que le mouvement, puisque nous pouvons le produire et le communiquer à volonté : et pourtant, quoi de plus étrange, que ce passage d'une action spontanée ou subie, d'un sujet d'où elle sort dans un autre qui la reçoit? Ce qui fait dire à Laplace, « que la nature de cette modification « singulière, par laquelle un corps est trans- « porté d'un lieu dans un autre, est et sera « toujours inconnue. » A tout instant, la poussière pollinique, qui s'échappe des étamines de la plante, envahit et féconde les ovules qui doivent en continuer l'espèce. Mais quel physiologiste nous dira ce qui s'opère à ce contact, et, en général, nous dévoilera le secret de cette communication merveilleuse, non plus du mouvement mécanique, mais de la vie qui anime tout organisme? Et sans sortir du domaine de la métaphysique, qui ne se sent comme frappé de stupeur, devant cette antinomie universelle de la force et de l'étendue, que nous avons essayé de résoudre, mais sans pouvoir expliquer comment l'étendue, qui est une dérivation de la force, n'offre cependant que des caractères anharmoniques à sa cause? Nous ne pouvons faire un pas dans l'interprétation de la nature, sans heurter aussitôt contre un mystère inexpugnable, et l'on s'étonne de notre impuissance à pénétrer le mystère de la création, qui domine tous les autres, et qui en est la commune origine [1] !

D'ailleurs, le système du dynamisme uni-

---

[1] Voyez la note E à la fin du volume.

versel, qui élimine l'étendue de la substance corporelle, est le seul évidemment qui puisse prétendre à un Dieu digne de ce nom. En effet, c'est un principe reconnu et admis de tout métaphysicien, que, si Dieu existe, il n'est soumis à aucune des conditions qui, dans la nature et dans l'homme, résultent, soit de leur finité originelle, soit de leur mutuelle corrélation, comme coordonnés dans le même système ; et qu'au contraire, il possède éminemment tout ce qu'il y a de réel et de positif dans tous les êtres finis. Par exemple, Dieu ne perçoit pas la nature à notre manière ; car ce mode de perception suppose, et des organes intermédiaires, et le conflit du sujet connaissant avec l'objet connu. Il ne raisonne pas, bien qu'il voie toutes choses selon leur ordre naturel de coexistence et de succession ; car l'homme lui-même ne recourt à ce procédé que si l'intuition immédiate lui fait défaut. Il n'éprouve aucun désir ; car rien ne lui manque, et hors de lui aucun bien ne saurait ajouter à sa félicité. Mais la force, qui est le fond même de tout être ; mais l'intelligence, qui est la plus noble faculté de notre âme ; mais l'amour pur, c'est-à-dire, cette sympathie désintéressée, et qui n'embrasse son objet que dans la mesure de ce qu'il vaut, tous ces attributs lui conviennent certainement. Car lui en refuser un seul, ce serait dénier à l'être parfait un des éléments essentiels de la perfection. Si donc l'étendue de l'espace ou des corps est autre chose qu'un simple phénomène, qu'engendre notre âme, en tant qu'elle réagit contre les actions organiques ou physiques, il faut, de toute nécessité, qu'une étendue analogue se trouve en Dieu, au même titre que ses autres attributs. De là vient que Spinosa, Malebranche, Fénelon, disciples de Descartes, qui admettaient, avec leur maître, que l'essence des corps consiste dans l'étendue, et après eux, Newton lui-même, le vrai fondateur du dynamisme cosmique, mais qui croyait encore au vide et aux atomes, tous transportèrent au créateur l'étendue des créatures. Erreur très-conséquente à son principe, mais que repousse la droite raison, comme la négation implicite du vrai Dieu. C'est ainsi que tout se tient dans la chaîne immense des vérités, et que dans le problème de la réalité objective de l'étendue, qui semble tout d'abord de pure curiosité, se trouve engagé le dogme primordial de la théologie, et l'un des fondements de la société humaine, le dogme d'un Dieu auteur et père du monde.

FIN.

# NOTE A.

Veut-on savoir au reste pourquoi Kant tenait si fort à réfuter cet argument, et en général toute preuve de la simplicité du moi pensant? C'est qu'il y allait du sort même de son œuvre. Cet homme qui avait mis à nu les misères de tous les systèmes, et sondé si avant leurs plaies les plus intimes, pouvait-il à la longue ne pas s'apercevoir des côtés faibles de sa propre doctrine? Et avec cette sagacité, dont il a donné tant de preuves, il vit très-bien que s'il était possible de faire un seul pas dans la connaissance dogmatique de l'âme humaine, c'en était fait des conclusions générales de sa *Critique :* « Un dangereux écueil pour notre critique « entière, dit-il lui-même, ou plutôt le seul à redouter « pour elle, ce serait la possibilité de démontrer que « tout être pensant est en soi une substance simple.... « Car de cette manière, nous aurions fait un premier « pas hors du monde des sens, nous serions entrés « dans le champ des noumènes, et désormais personne « ne nous contesterait le droit d'y faire de nouveaux

« progrès, de nous y établir, et d'y acquérir des pos-
« sessions, chacun selon les chances de sa fortune.
« Car la proposition — tout être pensant est un être
« simple — est une proposition synthétique *à priori;*
« d'abord, parce qu'elle dépasse le concept qui en est
« le premier élément, et attribue à la pensée en géné-
« ral un mode spécial d'existence; ensuite, parce
« qu'elle unit à ce concept un prédicat (la simplicité)
« qui ne peut être donné dans aucune expérience.
« Voilà donc des principes synthétiques *à priori,* qui
« se rapportent, non plus exclusivement, comme nous
« l'avons soutenu, aux objets de l'expérience, et en
« effet réalisables et admissibles, comme principes
« de la possibilité de l'expérience, mais qui peuvent
« atteindre aux choses mêmes, jusqu'à leur essence. Con-
« séquence qui mettrait à néant cettre critique entière,
« et nous ramènerait forcément à la vieille métaphy-
« sique [1]. » Voilà comment ce grand penseur, qui a
tant fait pour émanciper la raison humaine de ses plus
incurables illusions, s'est trouvé conspirer avec les
adversaires du spiritualisme. Et s'il a pu tomber d'une
telle chute, que ne doivent pas craindre ceux qui,
comme nous, n'ont de commun avec lui que l'amour
de la vérité !

[1] *Kritik der reinen Vernunft.* Ed. Hartenstein.

# NOTE B.

Actuellement, les chimistes eux-mêmes ne se font plus illusion sur la valeur scientifique de l'atomisme. « Les équivalents chimiques, dit M. Regnault, expri-
« ment les rapports numériques des quantités pondé-
« rales suivant lesquelles les corps se combinent. La
« théorie des équivalents sera toujours exacte, quelle
« que soit l'idée que l'on adopte sur la constitution
« moléculaire des corps, parce qu'elle est l'expression
« immédiate des faits constatés par l'expérience. Mais
« les chimistes ont voulu aller plus loin; ils ont cherché
« à remonter à la cause première de ces relations nu-
« mériques, et à les exprimer sous une forme maté-
« rielle. C'est ce qui a donné naissance à la théorie
« atomique. Dans cette théorie, on admet que les molé-
« cules ou atomes des corps simples se combinent
« suivant des rapports très-simples.... Les chimistes
« ont admis une autre hypothèse. Mais celle-ci est en
« opposition avec les faits aujourd'hui connus : c'est
« que les gaz simples renferment, sous volume égal, et

« dans les mêmes circonstances de température et de
« pression, le même nombre d'atomes... En résumé, la
« théorie atomique repose sur des hypothèses gratuites.
« Elle ne renferme d'exact que ce qu'elle emprunte à
« la théorie des équivalents, sans présenter d'avantage
« sur cette dernière. Pour la faire accorder, à la fois,
« avec les équivalents chimiques, et avec les lois de
« l'isomorphisme, il faudrait renoncer aux principes sur
« lesquels on l'a basée tout d'abord. » (Premiers éléments de chimie, 546-47.) Voilà donc l'atomisme condamné non pas au nom d'un système métaphysique qu'il contredit ou qu'il gêne, mais au nom de l'expérience, et par un juge dont on ne contestera sans doute ni la compétence ni l'impartialité.

## NOTE C.

Cette théorie de la nature métaphysique de l'espace nous suggère ce qu'il faut penser de la nature métaphysique du temps. Nous ne pouvons imaginer l'espace, sans affirmer aussitôt qu'il est actuellement, qu'il a toujours été, et qu'il sera toujours, c'est-à-dire sans le rapporter aux trois déterminations du temps. Le concept de temps se trouve ainsi, pour l'esprit humain, inséparable de l'intuition de l'espace. Ou en d'autres termes, l'origine de l'idée de temps est la même que l'origine de l'idée d'espace, et la réaction interne par laquelle notre âme engendre l'espace est aussi l'acte par lequel elle engendre le temps.

Et cette origine du temps en explique parfaitement tous les caractères. Le temps est unique en son genre, parce qu'il n'existe qu'un seul espace, dont le temps est un attribut. Le temps est infini; parce que l'espace lui-même est sans bornes, et que le temps n'est rien de plus que l'espace envisagé suivant une seule de ses dimensions. Le temps est homogène et divisible en parties identiques ; parce que telles sont pareillement les propriétés de l'espace. Le temps est lié à tout phénomène par une synthèse analytique *à priori*, ou en d'autres termes, tout événement arrive dans le temps; parce que, pour l'esprit humain, tout phénomène, sensible ou non, se produit dans l'espace. Le temps est nécessaire, et nous sommes dans une impuissance absolue de supposer sa non-existence; parce que notre impuissance est la même à l'égard de l'espace. Enfin, nous ne pouvons évaluer le temps sans la considération de l'espace ; parce qu'en vertu de leur connexion essentielle la mesure du temps implique nécessairement la mesure de l'espace.

# NOTE D.

Il ne faut pas confondre cette preuve de l'existence de Dieu, tirée de l'harmonie des forces cosmiques, avec l'argument populaire emprunté à l'ordre sensible de la nature. Comme cette confusion n'irait à rien moins qu'à compromettre la preuve dynamique, ou plutôt, lui ôterait toute sa force, je demande la permission de mettre les deux arguments chacun sous la forme qui lui convient, afin d'en faire ressortir plus nettement la différence, et de prévenir ainsi toute méprise.

Remarquons d'abord, que dans le raisonnement fondé sur l'ordre sensible de la nature, on suppose toujours que cet ordre ne dérive pas des propriétés intrinsèques des éléments coordonnés. Car sans cette hypothèse implicite ou expresse, on pourrait objecter aussitôt que l'ordre actuel de la nature s'explique de lui-même par les propriétés des éléments qui constituent, soit les corps célestes, soit les minéraux, soit les plantes et les animaux, et qu'ainsi, il n'y a pas lieu, pour en rendre compte, de recourir à un ordonnateur suprême. Objection qui obligerait les partisans de la preuve, ou à donner gain de cause à l'athéisme, ou à chercher, non plus dans l'ordre des éléments matériels, mais dans leurs propriétés mêmes le fondement rationnel du théisme. Par conséquent, la formule exacte de l'argument dont il s'agit n'est autre que le syllogisme suivant :

Tout ordre contingent, c'est-à-dire, qui ne procède pas naturellement des propriétés des éléments coordonnés, suppose une cause ordonnatrice.

Or l'ordre sensible de la nature est un ordre contingent, et qui ne procède pas naturellement des propriétés des éléments coordonnés.

Donc cet ordre suppose une cause ordonnatrice, et qui n'est autre que Dieu même.

Voici maintenant la preuve dynamique, telle qu'elle résulte du passage auquel correspond la présente note.

Des substances numériquement distinctes, et pourtant douées de propriétés harmoniques, supposent une cause commune qui les a créées.

Or les forces élémentaires, qui constituent la nature des choses, sont des substances numériquement distinctes, et pourtant douées de propriétés harmoniques.

Donc ces forces supposent une cause commune qui les a créées, et qui n'est autre que Dieu même.

Par ces deux formules, on voit aussitôt que les deux arguments diffèrent radicalement l'un de l'autre. Car dans le premier, on prétend démontrer un ordonnateur divin, en partant d'un ordre supposé accidentel ; et dans le second, on conclut son existence d'un ordre essentiellement naturel. De plus, bien que l'argument populaire n'exclue pas la distinction substantielle des éléments coordonnés, toutefois, il ne la suppose pas nécessairement. Car en soi, il n'est nullement contradictoire à l'hypothèse d'une matière homogène, continue, substance commune de tous les corps, telle que l'étendue des cartésiens, et qui recevrait d'une ou de plusieurs causes extérieures les formes qui la spécifient, comme le cachet reçoit l'empreinte de la cire. A plus forte raison, ce même argument n'oppose-t-il pas cette indépendance substantielle des éléments corporels, qui lui est en quelque sorte indifférente, à leur mutuelle harmonie; tandis que dans notre preuve, cette opposition est précisément le fait sans lequel elle manquerait de base.

De là l'extrême faiblesse de l'argument populaire, et inversement, la force irrésistible de la preuve dynamique.

Je dis que l'argument populaire est d'une extrême faiblesse. Car en vérité, de quel droit supposer que l'ordre des éléments naturels, soit dans le règne inorganique, soit dans le règne organique, relève exclusivement d'une puissance extérieure? A qui persuadera-t-on que la forme cristalline d'un minéral, par exemple, du spath d'Islande, qui est un carbonate de chaux, est indépendante de la nature chimique de ses molécules? De même, quelle que soit la cause immédiate et directrice de l'organisme, ou la loi suivant laquelle elle agit, n'est-il pas de toute évidence que la forme générale d'un corps vivant est dans la plus étroite relation avec l'essence propre des éléments chimiques qui le constituent, tels que le carbone, l'oxygène, l'hydrogène, l'azote, etc.? L'argument en question, qui ne tient aucun compte de cette connexion essentielle entre la forme naturelle d'un corps et sa composition chimique, repose donc sur une hypothèse arbitraire, ou plutôt absolument fausse. Mais quand même cette hypothèse serait exacte, qu'aurait-on prouvé par le raisonnement dont elle est le principe? Rien de plus que l'existence d'une cause ordonnatrice, qui, à la manière d'un artiste humain, a travaillé sur une matière préexistante? De sorte qu'après avoir prouvé un Dieu ordonnateur du monde, il resterait encore à prouver un Dieu créateur de ses éléments, c'est-à-dire, précisément ce qu'il s'agissait tout d'abord de démontrer.

Inversement, la preuve dynamique est excellente. Car si les éléments de la matière sont des forces substantiellement distinctes, comme cela résulte de notre théorie, et si d'un autre côté, comme l'expérience nous l'apprend, toutes ces forces s'influencent mutuellement suivant des lois rationnelles, comment expliquer leur accord et leur harmonie, si ce n'est par l'action d'une cause commune et créatrice, à moins de recourir, soit au hasard d'Épicure et des athées qui n'est qu'un mot vide de sens, soit à l'hypothèse d'une force unique, dont tous les êtres de l'univers seraient autant de modes ou d'émanations nécessaires? Fiction enfantine, bien qu'elle paraisse à quelques-uns le dernier mot de la raison, et d'ailleurs contradictoire à l'essence de la force qui est absolument indivisible.

Mais quoique l'argument populaire diffère essentiellement de la preuve dynamique, c'est pourtant la preuve dynamique qui est la condition implicite de l'argument populaire, et qui lui communique la force dont il est par lui-même dénué. Rien de plus contraire à la raison et à la science que de supposer entre les molécules élémentaires d'un minéral ou d'un animal un ordre indépendant de l'essence propre de ces molécules. Mais quand les hommes saisis d'admiration devant les merveilles de la cristallisation régulière ou de l'organisation si délicate et si compliquée des plantes et des animaux, s'écrient qu'un Dieu seul peut en être l'auteur, ne croyez pas qu'ils assimilent les formes spontanées de la matière aux figures artificielles qu'enfante chaque jour leur propre industrie. Au fond, ils prennent chacune de ces formes pour ce qu'elle est, c'est-à-dire, pour la résultante naturelle de l'action réciproque de ses éléments. D'autre part, la divisibilité de la matière, qu'ils expérimentent à tout instant, leur a déjà suggéré la conception métaphysique de l'indépendance substantielle des éléments corporels, dont l'hypothèse des atomes n'est que la traduction défectueuse. Ils entrevoient ainsi confusément la condition essentielle de notre preuve, que le monde est un système de substances distinctes et harmoniques. Et lorsque du spectacle de l'univers ils infèrent l'existence d'une cause première, c'est qu'ils s'autorisent à leur insu d'un principe rationnel, qui est la vraie base de cette induction, et comme la caution latente de sa valeur logique.

L'argument que nous discutons n'est pas le seul dont

notre preuve soit le postulat naturel et implicite. Considérez, par exemple, celui non moins célèbre par lequel on conclut de la contingence du monde à l'existence d'une cause nécessaire. Cet argument peut s'énoncer comme il suit :

Tout contingent suppose une cause nécessaire.

Or le monde est contingent.

Donc le monde suppose une cause nécessaire.

La majeure est un axiome, qui par conséquent ne donne lieu à aucune observation particulière. Mais la mineure exprime un fait qu'il est permis de contester. Assurément, le monde n'est point à lui-même sa propre raison d'être. Et c'est cette croyance naturelle à l'esprit humain qui le détermine invinciblement à supposer une cause toute-puissante qui nous a produits, nous et tout ce qui tombe sous nos sens. Mais ici évidemment cette conviction instinctive ne saurait avoir la valeur d'un principe démontré. La contingence du monde est donc ce qu'il faudrait d'abord établir. Et comme la seule donnée d'où on puisse l'inférer avec certitude est encore le double fait de l'indépendance substantielle des forces cosmiques et de leur corrélation harmonique, on voit que l'argument en question, ou ne donne qu'une conclusion illusoire, ou n'est qu'une forme moins explicite de celui que nous proposons.

Il serait facile de ramener ainsi successivement à l'une ou à l'autre de nos deux preuves tous les arguments allégués jusqu'à ce jour en faveur de l'existence de Dieu. Mais je laisse au lecteur le soin d'opérer cette réduction.

## NOTE E.

Ce dogme de la création, dont l'incompréhensibilité pour notre raison est la vraie racine de l'athéisme et du panthéisme, nous offre pourtant la solution la plus rationnelle du problème de l'origine métaphysique des êtres.

Supposez en effet avec les athées qu'il n'existe aucune cause première et créatrice. En vertu de l'hypothèse, toutes les forces cosmiques, déjà indépendantes quant à la substance, le seront également quant à l'origine. Dès lors encore une fois, comment rendre compte, et de l'homogénéité de celles qui forment une même espèce, et de l'affinité de celles qui se rapportent à des espèces différentes? Car la conséquence immédiate et nécessaire de l'indépendance de substance et d'origine est évidemment l'hétérogénéité absolue. Dira-t-on, pour expliquer l'homogénéité, que les forces cosmiques étant nécessaires et coéternelles, il est naturel qu'à ce double titre toutes, ou du moins un certain nombre, aient entre elles une certaine similitude? Mais la nécessité et l'éternité sont des attributs abstraits, qui ne peuvent influer en rien sur l'essence propre de l'être auquel ils conviennent; de même que de l'existence actuelle et de la contingence d'un être réel on ne saurait rien induire touchant ses propriétés spécifiques. Pareillement, pour expliquer l'affinité, alléguera-t-on que tous les éléments primordiaux de la nature étant des forces, c'est une suite nécessaire de leur essence, en tant que forces, d'exercer les uns sur les autres une action et une réaction mutuelles? Mais je prie qu'on y réfléchisse. Autre est la puissance d'agir, et autre l'action qui suit de cette puissance. La puissance est inhérente à la force en tant que force : mais l'action réelle et efficace requiert de plus une force antagoniste, apte à recevoir et à renvoyer, à son tour, l'action qu'elle a subie. Ainsi, pour qu'une combinaison chimique s'opère, il ne suffit pas que des forces se trouvent en présence; il faut en outre qu'elles soient capables de s'influencer mutuellement. Or c'est cette aptitude à l'influence réciproque, qui est une véritable harmonie préétablie, qu'on ne saurait concevoir, si on n'admet que les éléments susceptibles de s'associer ne procèdent d'une seule et même cause. Pour ma part, plus je médite sur ce sujet, et plus je me persuade que, dans le système de l'athéisme, l'analogie et la corrélation des forces cosmiques doivent être regardées comme des effets du hasard, c'est-à-dire comme des effets sans cause.

Plus logique en apparence, et surtout d'un caractère plus élevé, le panthéisme ne satisfait pas mieux que l'athéisme aux conditions du problème. Le trait commun de toutes les doctrines panthéistes, c'est la consubstantialité de Dieu et du monde : Dieu étant la cause immanente du monde, et le monde une dérivation nécessaire de Dieu. Or le seul énoncé de ce principe soulève déjà une grave difficulté. Ce Dieu d'où procèdent tous les êtres, quelle en est proprement la nature ? — « C'est, dit Spinosa, un être absolument infini, c'est-à-« dire, une substance constituée par une infinité d'at-« tributs, dont chacun exprime une essence éternelle « et infinie. » Réponse très-précise, j'en conviens, mais qui aggrave plutôt qu'elle ne diminue mon embarras. Car si telle est la cause immanente du monde, si elle est une substance absolument infinie, et constituée par une infinité d'attributs tous également infinis, pourquoi cette cause ne reste-t-elle pas en elle-même, dans son absolue infinité, et quelle nécessité interne l'oblige à se développer dans le temps et dans l'espace ? A cette instance Spinosa réplique, que de la nécessité de la nature divine doivent découler une infinité de choses infiniment modifiées, c'est-à-dire, tout ce qui peut tomber sous une intelligence finie. Mais quelle preuve donne-t-il de cette proposition, qui est la pierre angulaire de tout son système ? Cette preuve, c'est que le développement infini de Dieu suit naturellement de son essence, comme de l'essence d'une chose, de celle du cercle par exemple, suivent nécessairement toutes ses propriétés. Voilà tout l'argument sur lequel est fondée la seizième proposition de l'*éthique*. Il se réduit, comme on voit, à une comparaison, et encore, à une comparaison entre des choses hétérogènes. Car autre est l'essence d'une chose finie, et autre l'essence de Dieu. De ce qu'une essence finie est susceptible d'évolution, s'ensuit-il qu'il en soit de même de l'essence infinie? Le caractère distinctif de l'infini n'est-il pas au contraire d'échapper à la loi du progrès, précisément parce qu'il est l'infini, l'absolu, le parfait, en un mot, un être auquel rien ne manque? En fait, le prétendu argument de Spinosa, pour prouver la nécessité du développement infini de Dieu n'est qu'une pétition de principe. Car il suppose précisément ce qui est en question, à savoir, l'analogie de l'essence divine avec celle des êtres finis.

Cette intime et ruineuse contradiction, qui gît au cœur même du spinosisme, Hegel l'a très-bien discernée. Il a parfaitement compris que débuter par un Dieu auquel rien ne manque, c'était poser tout d'abord un Dieu affranchi de la condition du progrès, et s'interdire, par cela même, jusqu'à la possibilité d'expliquer la nature des choses par l'évolution de la substance divine : ce qui est précisément la prétention du panthéisme. Aussi, à l'être absolument infini de Spinosa, doué d'une infinité d'attributs, et trop parfait par conséquent pour qu'il ait besoin de sortir de soi, il a substitué un principe absolument indéterminé, et qui a besoin d'acquérir ce qui lui manque, c'est-à-dire, toutes choses. « C'est par l'être pur que l'on doit com« mencer, dit-il, parce que l'être pur est aussi bien « pensée pure, qu'être immédiat, simple et indéter« miné, et que le commencement, sans être médiatisé,

« doit pouvoir être ultérieurement déterminé... Cet
« être pur n'est que l'abstraction pure, et par consé-
« quent la négation absolue, qui, considérée dans son
« état immédiat, est le non-être. » (Log. §§ LXXXV et
§§ LXXXVI, traduct. de M. Véra.) Certes, voilà un premier
principe qui ne pèche pas par excès de perfection. Car,
de l'aveu même de Hegel, il est aussi bien le non-être
que l'être. Mais si le Dieu de Spinosa est trop riche, à
son tour, le premier principe de Hegel est trop pauvre. Car du sein de l'indéterminé, c'est-à-dire, de la
plus vide des abstractions, comment faire sortir des
éléments déterminés, comme ceux que la science expérimentale retrouve partout dans la nature des choses?

Pour résoudre cette difficulté, Hegel assujettit son
principe à une série de *procès* ou évolutions, à travers
lesquels il se différencie, se détermine, acquiert successivement toutes les propriétés qui lui manquent, et
enfin, devient apte à engendrer la nature des choses.
Or, sans nous engager à la suite de l'être pur dans
ce long et pénible voyage, considérons-le au moment où, ayant épuisé toutes ses déterminations logiques, il est devenu l'idée même de la nature, c'est-à-
dire, quelque chose d'analogue à la pensée créatrice,
et par suite, aussi capable que le comporte le système,
d'imiter l'acte créateur. Comme le texte de Hegel serait
obscur, ou plutôt absolument inintelligible pour quiconque n'a point lu sa logique, je citerai d'abord un
passage de M. Véra, son savant et exact commentateur,
et de plus son fervent disciple, qui a l'art d'exprimer
la pensée du maître avec une clarté toute française.

« Dans l'idée logique parvenue à sa dernière limite
« se produit l'*intuition*, c'est-à-dire, l'idée absolue ar-
« rivée à cette limite regarde au-delà et hors d'elle, et
« ce regard amène et constitue le premier moment,
« le moment le plus abstrait de l'extériorité, ou l'es
« pace. L'espace est, suivant Kant, la condition et le
« substrat de toute intuition ; ce qui est vrai. Seule-
« ment Kant n'a saisi que le côté subjectif et psycho-
« logique de l'espace. Ce qu'il faut dire de l'espace,
« c'est que par cela même qu'il est la condition de
« toute intuition, il est lui-même l'intuition en soi,
« l'intuition en puissance, ou si l'on veut, la possibi-
« lité même de toute intuition, — l'*intuibilité*, s'il était
« permis d'employer cette expression, — comme il est
« la possibilité des formes les plus abstraites de l'in-
« tuition, des formes géométriques, voulons-nous dire.
« L'espace est, par conséquent, le moment le plus
« abstrait et le plus indéterminé de l'intuition et de l'ex-
« tériorité, et, comme tel, il forme le premier moment
« de la nature, et le passage de la logique à la nature. »
(*Philosophie de la nature*, Introd.)

Tel est en effet le sens général du passage suivant qui
termine la logique de Hegel, et que le lecteur, grâce au
commentaire qui précède, saisira peut-être plus aisément : « L'idée qui est pour soi, et qui est considérée
« comme ne faisant qu'un avec elle-même, est l'*intui-
« tion*, et l'idée qui possède l'*intuition* est la *nature*.
« Cependant, si on la considère en tant qu'intuition,
« l'idée ne sera posée que par la réflexion extérieure
« avec la détermination exclusive d'un état immédiat,

« ou d'une négation. Mais l'absolue liberté de l'idée
« consiste en ce que non-seulement elle se pose comme
« vie, et qu'elle laisse apparaître en elle la connais-
« sance finie, mais en ce que, dans l'absolue vérité
« qu'elle possède d'elle-même, elle se décide à tirer
« librement d'elle-même le moment de son existence
« particulière, ou de sa première détermination, à se
« séparer d'elle-même, et à apparaître de nouveau sous
« la forme d'idée immédiate, à se poser, en un mot,
« comme nature. »

Voilà donc qui est bien entendu. Des deux solutions qu'on peut substituer au dogme de la création, l'une, celle de l'athéisme, aboutit à considérer l'harmonie du monde comme un effet du hasard. Quant au panthéisme, le principe qu'il propose est ou déterminé, ou indéterminé. S'il est déterminé, c'est-à-dire, selon l'expression de Spinosa, constitué par une infinité d'attributs, alors on ne comprend pas la nécessité de son développement, ou de la génération des êtres. S'il est indéterminé, alors on ne conçoit pas mieux comment, de l'indéterminé pur ont pu sortir les éléments de la nature, dont chacun assurément est déterminé : et quand même on accorderait que l'être pur et abstrait peut acquérir successivement toutes les propriétés qui lui manquent, toujours est-il qu'au moment où il est devenu l'idée de la nature, la solution cherchée se réduit à dire que l'idée se *décide* à se séparer d'elle-même, et à se poser comme nature. Y a-t-il là, je le demande, de quoi ébranler sérieusement le dogme de la création, qui s'accorde si bien avec le fait de la distinction radicale des substances, qui explique si naturellement leur harmonie, et qui laisse intacte la perfection essentielle de la cause première?

# A LA MÊME LIBRAIRIE PHILOSOPHIQUE

**Histoire de la philosophie moderne**, par Henri Ritter, traduction française précédée d'une Introduction, par M. Challemel-Lacour, agrégé de philosophie ; 3 volumes in-8, 1861. . . . . . . . . . . 18 fr.

Tome I<sup>er</sup>. — *Le Cartésianisme.* — Descartes. Louis de la Forge. Jean Clauberg. Geulincz. Spinoza. Pascal. Malebranche.

Tome II. — *Le Sensualisme et le Rationalisme en Angleterre et en Allemagne.* — Newton. Clarke. Locke. Cudworth. Schaftesbury. Van Helmont. Leibnitz.

Tome III. — *L'Idéalisme et le Scepticisme en Angleterre. Le Sensualisme et le Naturalisme en France. École écossaise.* — Hume. Collier. Berkeley. Condillac. Helvétius. Reid. D'Holbach. Wolf. Burke. Hemsterhuis. Montesquieu. Rousseau.

**Critique de la Raison pure.** 3<sup>e</sup> édition en français, comprenant les différences de la 1<sup>re</sup> et de la 2<sup>e</sup> édition, avec l'analyse de l'ouvrage par Mellin, et des notes, par M. J. Tissot, doyen de la Faculté des lettres de Dijon et professeur de philosophie. 2 forts vol. in-8. 1864. . . . . 15 fr.

Nota. — Cette 3<sup>e</sup> édition de la *Raison pure* est indiquée, par M. le Ministre de l'Instruction publique, dans le *Bulletin administratif* n° 47, comme l'ouvrage sur lequel les candidats à l'agrégation de philosophie auront à se préparer.

**Prolégomènes à toute métaphysique future** qui aura droit de se présenter comme science, suivis de fragments relatifs à la *critique de la Raison pure*, par Em. Kant, traduit de l'allemand par M. J. Tissot, professeur de philosophie, doyen de la faculté des lettres de Dijon. 1 vol. in-8. 1865. . . . . . . . . . . . . . . . . . . . . . . . . . . . . . . . . . . . . 6 fr. 50

Ce volume se compose de : 1° *Prolégomènes à toute métaphysique future*, etc., etc. — 2° Sur une découverte d'après laquelle toute nouvelle critique de la Raison pure doit être rendue inutile par une plus ancienne. — 3° *Quels sont les Progrès de la métaphysique en Allemagne* depuis Leibnitz et Wolf. — 4° *De la Philosophie en général.*

**Anthropologie**, suivie de divers fragments Relatifs aux rapports du physique et du moral de l'homme et au commerce des esprits d'un monde à l'autre, par Em. Kant, traduit par J. Tissot, professeur de philosophie, doyen de la faculté des lettres de Dijon. 1 vol. in-8. 1863 . . . 6 fr. 50

**Logique de Kant**, traduite en français par le même (M. Tissot), 1 vol. in-8° 1865. . . . . . . . . . . . . . . . . . . . . . . . . . . . . . . . . 4 fr.

**Mélanges de Logique**, par Kant, traduit par le même, 1 vol. in-8°, 1862. . . . . . . . . . . . . . . . . . . . . . . . . . . . . . . . . . 6 fr. 50

---

Paris. — Imprimerie de Ad. Lainé et J. Havard, rue des Saints-Pères, 19.

www.ingramcontent.com/pod-product-compliance
Lightning Source LLC
Chambersburg PA
CBHW050249170426
43202CB00011B/1619